Einführung in die griechische Schrift

Einführungen
in fremde Schriften

Arabisch-persisch
Armenisch
Bengālī
Chinesisch
Devanāgarī
Donauschrift
Georgisch
Griechisch
Gujarātī
Gurmukhī
Hebräisch
Hieroglyphen
Mongolisch
Oṛiā
Tibetisch

BUSKE

UWE PETERSEN

Einführung in die griechische Schrift

BUSKE

3., unveränderte Auflage

Bibliografische Information der Deutschen Nationalbibliothek

Die Deutsche Nationalbibliothek verzeichnet diese Publikation in der
Deutschen Nationalbibliografie; detaillierte bibliografische Daten sind
im Internet über <http://dnb.d-nb.de> abrufbar.
ISBN 978-3-87548-338-3

Umschlagabbildung:
Stoichedon-Inschrift aus Attika (Ausschnitt), Ende 5. Jh. v. Chr.
Archiv textus: VerlagsService

Für Rahel und Moritz

Inhaltsverzeichnis

Vorwort

Geschrieben ist dies Bändchen für meine Kinder, gewidmet ist es allen, die die griechische Schrift lernen wollen.

Mein erstes Ziel ist es also, mit den griechischen Buchstaben bekannt zu machen, ihre Form zu erklären, ihre Schreibweise vorzuführen.

Wer aber das griechische Alphabet wirklich lernen will, braucht auch die Möglichkeit, an Beispielen das Lesen und Schreiben der Buchstaben zu üben.

Solche Beispiele zu finden, ist nicht immer ganz einfach. Es verbietet sich zum Beispiel, ganze Textausschnitte vorzulegen; das wäre zwar relativ leicht, aber dieser kleine Band kann und soll keine Einführung in die griechische Sprache sein, sondern höchstens dahin führen. Einzelwörter kommen deswegen – von ganz wenigen Ausnahmen abgesehen – als Lesebeispiele in Frage, vor allem Namen aus Mythologie, Geschichte und Geographie und Begriffe, die in dem einen oder anderen modernen Zusammenhang schon bekannt sind.

Damit möchte ich dem modernen Leser – und dies ist ein weiteres Ziel des Bändchens – die griechische Antike durch das Wort wieder ein wenig näherbringen und eine Brücke des Verständnisses zwischen der Antike und der Gegenwart schlagen. Dazu gehört auch, daß ich gelegentlich Beispiele aus dem Griechisch unserer Tage mit einfließen lasse. Diese Beispiele deuten die enge Verbindung des alten und modernen Griechenland – die sich zumindest in der gemeinsamen Schrift dokumentiert – an. So ist dieser Band auch eine wertvolle Hilfe für jeden, der heute nach Griechenland reist.

Allen Lesern wünsche ich Entdeckerfreuden bei der Erkundung des neuen Schrift-Kontinents.

Gerhard Niemann und Herbert Schultz, den Kollegen vom Johanneum in Hamburg, danke ich für freundschaftliche Teilnahme und Kritik.

1. Die Großbuchstaben

Ihr fragt mich, welch komische Buchstaben aus meiner Schreibmaschine kommen?

Seht sie Euch doch richtig an, dann merkt Ihr, daß sie nicht komisch, sondern sehr zierlich aussehen:

Μωριζ Ραηλ
M ω ρ ι ζ   ΜΩΡΙΖ   M Ω Ρ Ι Ζ
                   μωριζ   μ ω ρ ι ζ

Ρ α η λ   ΡΑΗΛ   Ρ Α Η Λ   Ρ Α Η Λ
                   ραηλ   ρ α η λ   ρ α η λ

Was versteht Ihr nicht? Ihr findet, ich hab Eure Namen nicht richtig geschrieben?

Aber anders geht es im Griechischen nicht.

Erklären kann man es auch, nur sollten wir wohl ein bißchen systematischer vorgehen, vorausgesetzt, daß Ihr wirklich Lust habt, diese Zeichen zu lernen.

Wirklich? Fangen wir doch an; Ihr werdet gleich sehen, es ist gar nicht so schwer.

1.1. *Kenntnis aus dem lateinischen Alphabet*

Seht Euch einmal die großen Buchstaben an, viele sind Euch bekannt.

Die Römer haben nämlich zwölf Schriftzeichen völlig unverändert aus dem griechischen Alphabet ins lateinische übernommen; daher kennt Ihr sie:

A B E I K

M N O T

Y Z

Auch dieses Zeichen kennt Ihr:

H

Aber nun müssen wir aufpassen. Denn diese vertrauten Zeichen stehen nicht immer für die Laute, die wir heute damit verbinden. H ist kein Zeichen für den gehauchten Laut am Anfang einer Silbe wie bei uns, sondern für das lange, offene E (ä).
In einer Komödie sang der Chor von Schafen:

BH   BH   BH   BH

Diese Sprache verstehen auch heute noch die Lämmer bei uns am Deich.

Zur Übung:
Sprecht die Wörter laut (dann wißt Ihr auch, was sie bedeuten sollen).

12

Schon jetzt könnt Ihr eine wichtige Beobachtung machen: Im Griechischen gibt es offenbar zwei Zeichen für den E-Laut:

E   **ME**

steht für das kurze, geschlossene E. Beispiel: mich

H   **MH**

steht für das lange, offene E. Beispiel: nicht

Das gleiche wiederholt sich übrigens beim O-Laut:

O   **ZOH**

steht für das kurze, geschlossene O. Beispiel: Leben

Ω   **ZΩNH**

steht für das lange, offene O. Beispiel: Gürtel

Ihr kennt das Zeichen aus der Physik für
«Ohm» – so wird dieser Laut auch gesprochen.

Zur Übung:
Lest (und unterscheidet deutlich in der Aussprache):
– ME MH ME MH ME MH ME MH ME MH ME MH ME MH
– ZOH ZΩNH ZOH ZΩNH ZOH ZΩNH ZOH ZΩNH ZOH ZΩNH

1.2. Die Namen der ersten Gruppe

Jetzt solltet Ihr aber auch anfangen, die Namen der Buchstaben zu lernen; sie klingen auf Griechisch recht volltönend:

griechischer Name:

N NY

Lautwert: n

griechischer Name:

M MY

Lautwert: m

Beispiele:

NYN ΑΤΟΜΟΝ

nun

ΝΩΤΟΝ ΝΥΚΤΑ

Rücken Nacht

Zur Übung:
1. Lest alle griechischen Wörter laut und mit richtiger Betonung.
2. Schreibt je eine Zeile: NY – MY
3. Schreibt je eine Zeile: NYN ΝΥΚΤΑ ΑΤΟΜΟΝ

Anmerkung:
Bevor Ihr Euch ans Schreiben macht, besorgt Euch glattes, aber nicht zu glattes Papier, möglichst mit Doppellinien. Und nehmt eine Feder und Tinte zum Schreiben, keinen Kugelschreiber. Versucht die einzelnen Buchstaben reinlich und möglichst genau nachzuzeichnen.

Der Punkt unter dem griechischen Wort soll Euch deutlich machen, welche Silbe betont wird. Diese Betonung scheint auf den ersten Blick ganz willkürlich zu sein. Später werden wir einige Gesetzmäßigkeiten kennenlernen und dazu auch elegantere Möglichkeiten, die Betonung anzugeben.

ḀBATON
unzugänglich

NΩ̣E
Noah

EMǪN
mein

Formen des bestimmten Artikels:

TON
(männlich, Einzahl,
Akkusativ)

THN
(weiblich, Einzahl,
Akkusativ)

TΩ̣N
(Mehrzahl,
Genitiv)

Zur Übung:
1. Lest alle griechischen Wörter dieser Seite laut und richtig betont.
2. Schreibt je eine Zeile: ḀBATON   NΩ̣E
3. Schreibt: EMǪN   TON   THN   TΩ̣N

Wenn Ihr mit Eurer Schrift zufrieden seid, können wir fortfahren. Wir bleiben bei den vertrauten Zeichen und lernen neue Namen:

griechischer Name:

B
BHTA

Lautwert: b

griechischer Name:

Z
ZHTA

Lautwert: z

Beispiele:

BYZANTION   BIΩN

TON BION   BOTANIKH
das Leben

BAINΩ   BHMA
ich gehe   Schritt

ZΩH   ZAΩ
Leben   ich lebe

ZHNΩN   ZHMIA
        Schaden

Zur Übung:
1. Schreibt eine Zeile: BHTA – ZHTA
2. Schreibt die griechischen Wörter auf dieser Seite ab.

16

Als nächstes lernen wir die Namen von zwei Vokalen:

griechischer Name:

H .... ḤTA ....

Lautwert: ä

griechischer Name:

Ι .... ΙΩΤΑ ....

Lautwert: i
(also nie, auch nicht am Anfang einer Silbe, «j»)

Beispiele:

MHN .... MAΤHN ....

Monat .... vergeblich

NOHMA ....

Gedanke

ΙΟΝΗ .... ΙΑΜΒΟΝ ....

.... Jambus

ΙΑΩΝ .... ΙΩΝ .... ΙΩΝΙΑ ....

Jonier

Zur Übung:
1. Schreibt eine Zeile: ḤTA – ΙΩΤΑ
2. Schreibt die griechischen Wörter auf dieser Seite ab.

Ihr solltet jetzt den Namen für den Buchstaben K lernen, aber dafür brauchen wir vorerst einen anderen Buchstaben:

griechischer Name:

Π   ΠΙ

Lautwert: p

griechischer Name:

Κ   ΚΑΠΠΑ

Lautwert: k

griechischer Name:

Τ   ΤΑΥ

Lautwert: t (ΑΥ sprecht: au – wie in «Bau» oder «Tau»)

Beispiele:

ΠΑΝ   ΠΑΙΑΝ   ΠΕΝΤΕ
all   fünf

ΚΥΜΑ   ΚΥΑΝΟΝ
Welle   Blaustahl

ΚΩΜΑ   ΚΤΗΜΑ
fester Schlaf   Besitz

ΤΙΜΗ   ΤΕΚΤΩΝ
Ehre   Baumeister

ΤΕΚΝΟΝ   ΤΕΤΑΝΟΝ
Kind   Lähmung

Zur Übung:
1. Schreibt je eine Zeile. ΠΙ – ΚΑΠΠΑ – ΤΑΥ
2. Schreibt die griechischen Wörter auf dieser Seite ab.

1.3. *Die Namen der übrigen Buchstaben*

Wir haben am Anfang vor allem die Buchstaben behandelt, die uns ihrer Form nach aus dem lateinischen Alphabet vertraut sind.
Nun wenden wir uns auch solchen Buchstaben zu, deren Zeichengestalt die Römer nicht übernommen haben, z. B. weil sie den entsprechenden Laut gar nicht kannten:

griechischer Name:

Θ ΘΗΤΑ

Lautwert: t (h)

Beispiele:

ΑΘΗΝΑΙ ΑΘΗΝΑΙΟΙ
Athen Athener

ΑΘΗΝΑ ΑΘΗΝΑΖΕ
Athene nach Athen

ΘΕΑ ΘΕΟΝ
Göttin Gott

ΘΗΒΑΙ ΘΗΒΑΙΟΙ
Theben Thebaner

ΘΗΒΗΘΕΝ ΘΕΑΝΩ
von Theben

Zur Übung:
1. Schreibt eine Zeile: Θ
2. Schreibt eine Zeile: ΘΗΤΑ
3. Schreibt die griechischen Wörter auf dieser Seite ab.

Andere Zeichen haben die Römer leicht verändert übernommen, so daß wir uns an neue Zeichen gewöhnen müssen:

griechischer Name:

Λ

ΛΑΜΒΔΑ

Lautwert: l

griechischer Name:

Δ

ΔΕΛΤΑ

Lautwert: d

Ihr merkt schon, daß man beim Lesen genau darauf achten muß, ob das Dreieck unten geschlossen ist.

Beispiele:

ΙΛΙΟΝ   ΙΔΙΟΝ   ΒΙΒΛΙΟΝ
                         eigen   Büchlein

ΚΥΚΛΟΝ   ΔΙΑΙΤΑ
Kreis   Lebensweise

ΛΙΝΕΑ   ΟΛΥΜΠΙΑ   ΜΕΛΙ
Leine   Honig

ΙΝΔΙΑ   ΙΤΑΛΙΑ   ΔΕΚΑ
                                                  zehn

ΜΑΚΕΔΟΝΙΑ   ΔΕΚΕΛΕΙΑ ΠΛΑΤΩΝ

Zur Übung:
1. Schreibt je eine Zeile: Λ – Δ
2. Schreibt: ΛΑΜΒΔΑ – ΔΕΛΤΑ – ΛΑΜΒΔΑ – ΔΕΛΤΑ – ΛΑΜΒΔΑ – ΔΕΛΤΑ
3. Lest die griechischen Wörter auf dieser Seite laut.

Nehmen wir uns doch als nächste zwei besonders markante Buchstaben vor, der eine ist sehr häufig, der andere trägt viel zum Wohllaut der griechischen Sprache bei:

griechischer Name:

Σ   ΣΙΓΜΑ

Lautwert: s

griechischer Name:

Γ   ΓΑΜΜΑ

Lautwert: g

Beispiele:

ΑΣΙΑ   ΑΙΓΙΝΑ   ΑΙΑΣ

ΓΕΝΟΣ   ΓΑΛΗΝΗ

Geschlecht   Windstille

ΓΙΓΑΣ   ΓΝΩΜΗ

Gigant   Einsicht

ΣΑΛΑΜΙΣ   ΛΕΣΒΟΣ   ΣΙΚΕΛΙΑ

Zur Übung:
1. Schreibt je eine Zeile: Σ – Γ
2. Schreibt zwei Zeilen abwechselnd: ΣΙΓΜΑ – ΓΑΜΜΑ
3. Lest und schreibt die griechischen Wörter auf dieser Seite.

Wenn Euch das Σ an den Zickzack eines Blitzes erinnert, seid Ihr in bester Gesellschaft. So haben nämlich schon die Griechen gedacht, wie aus einem Rätsel hervorgeht, das wir bei Euripides finden. Er läßt einen Hirten, der nicht lesen und schreiben kann, einen Namen erraten, indem er die Form der Buchstaben beschreibt:

> Zuerst ein Kreis, wie mit dem Zirkel ausgemessen;
> er hat in seiner Mitte deutlich eine Linie.
> Das zweite sind zunächst zwei Striche, diese aber
> hält mittendrin ein anderer allein getrennt.
> Das dritte: Es ist wie ein Blitz gewunden.
> Dann das vierte: nicht nur eine Linie, senkrecht stehend,
> sondern querab weitere drei, an ihr befestigt.
> Das nächste, fünfte, zu beschreiben ist nicht leicht:
> Zwei Striche sind es, aus getrennten Richtungen
> zusammenlaufend in ein einziges Fundament.
> Das letzte schließlich, gleichgeformt ist es dem dritten.

(Auflösung s. S. 124)

Bei dem Γ handelt es sich nicht etwa um ein defektes T, wie Ihr vielleicht zuerst gedacht habt. Auch diese beiden Zeichen, Γ und T, muß man also sorgfältig auseinanderhalten.

Beispiele:

ΤΑΓΜΑ   ΤΕΓΟΣ
Aufstellung   Dach

ΤΗΓΑΝΟΝ   ΤΕΛΟΣ   ΑΤΤΙΚΗ
Tiegel   Ziel

Zur Übung:
Lest und schreibt die griechischen Wörter auf dieser Seite.

22

Damit Ihr nicht ΑΝΑΛΦΑΒΗΤΟΙ oder gar ΒΑΡΒΑΡΟΙ bleibt, übt schön das Lesen der griechischen Wörter; lest laut und achtet auf die Betonung (sie ist oft anders, als wir es gewohnt sind – wir folgen den lateinischen Betonungsgesetzen).

In den beiden Ausdrücken – ΑΝΑΛΦΑΒΗΤΟΙ und ΒΑΡΒΑΡΟΙ – begegnen Euch zwei Zeichen, die Ihr noch gar nicht kennt:

griechischer Name:

Φ   ΦΙ

Lautwert: f (p-h)

griechischer Name:

Ρ   ΡΩ

Lautwert: r

Beispiele:

ΦΑΙΔΩΝ   ΦΩΚΙΣ   ΕΥΡΙΠΙΔΗΣ

ΡΟΔΟΣ   ΡΩΜΗ   ΡΗΝΟΣ
                                              Rhein

ΑΝΘΡΩΠΟΣ   ΦΑΡΜΑΚΟΝ
Mensch   Arznei

ΦΙΛΑΝΘΡΩΠΙΑ
Philanthropie, Menschenliebe

Zur Übung:
1. Schreibt je eine Zeile: Φ – Ρ
2. Schreibt je eine Zeile: ΦΙ – ΡΩ
3. Lest und schreibt die griechischen Wörter auf dieser Seite.

Ich sehe es Euch an, es verwirrt Euch: *Ein* Zeichen haben die Griechen, das so aussieht wie unser P, aber R bedeutet, und für den Laut P haben sie wiederum ein ganz anderes Zeichen. Geduld bitte, später soll auch das geklärt werden; erst einmal müssen wir uns auf die Zeichen und ihre Namen konzentrieren. Wir können jetzt auch die Namen für die beiden O-Laute verstehen:

griechischer Name:

Ο

Ο ΜΙΚΡΟΝ

Lautwert: O

Ω

Ω ΜΕΓΑ

Lautwert: oh
(ΜΙΚΡΟΝ: klein,
ΜΕΓΑ: groß)

Beispiele:

ΟΛΠΑΙ   ΟΑΣΙΣ   ΩΚΕΑΝΟΣ

ΟΔΥΣΣΕΥΣ   ΜΩΜΟΣ
                    Tadel

ΜΑΡΑΘΩΝ   ΚΡΕΩΝ   ΚΛΕΩΝ

ΚΟΡΙΝΘΟΣ   ΛΩΤΟΣ   ΔΩΡΙΣ

Zur Übung:
1. Schreibt je eine Zeile: Ο – Ω
2. Schreibt je eine Zeile: Ο ΜΙΚΡΟΝ – Ω ΜΕΓΑ
3. Lest die griechischen Wörter auf dieser Seite und unterscheidet dabei deutlich den langen und den kurzen O-Laut.

Auch den Namen für den ersten Buchstaben, der zugleich den Namen für die Gesamtheit aller Buchstaben hergegeben hat, können wir jetzt schreiben und lesen:

griechischer Name:

A
ΑΛΦΑ

Lautwert: a

Beispiele:

ΑΓΑΜΕΜΝΩΝ   ΑΓΟΡΑ

ΑΓΑΘΩΝ

ΜΕΝΕΛΑΟΣ   ΚΑΣΣΑΝΔΡΑ

ΜΕΝΑΝΔΡΟΣ

Zur Übung:
1. Schreibt je eine Zeile: ΦΙ – ΡΩ – ΑΛΦΑ
2. Schreibt aus den Lesebeispielen auf den Seiten 24 und 25 alle Wörter mit A und Ω heraus.

Sicherlich habt Ihr in Kirchen schon das Zeichen ☧ gesehen. In dem senkrechten Strich mit dem Halbkreis erkennt Ihr das PΩ, aber das schräggestellte Kreuz ist neu:

griechischer Name:

X   ΧI

Lautwert: ch

☧ ist die Abkürzung für ΧΡΙΣΤΟΣ.
Verwechselt das X nicht mit dem folgenden Zeichen:

griechischer Name:

Ξ   ΞI

Lautwert: ks

Beispiele:

ΠΡΑΞΙΣ   ΠΡΟΧΕΙΡΟΣ
Handlung   zur Hand

ΕΧΩ   ΕΓΩ   ΗΧΩ
ich habe   ich   Ton, Echo

ΞΑΝΘΙΠΠΗ   ΧΑΡΙΤΕΣ
                              Grazien

ΞΕΡΞΗΣ   ΧΕΙΡΩΝ

ΣΧΟΛΗ

Muße, Schule: ΣΧ getrennt gesprochen: s-ch

Zur Übung:
1. Schreibt je eine Zeile: ΧI – ΞI
2. Schreibt alle Wörter mit X heraus.
3. Schreibt alle Wörter mit Ξ heraus.

Wie der K-Laut verbindet sich gelegentlich auch der P-Laut mit ΣΙ̣ΓΜΑ zu einem neuen Zeichen:

griechischer Name:

Ψ ΨΙ

Lautwert: ps

Ihr werdet Euch leicht an das Zeichen Ψ gewöhnen; es erinnert an den Dreizack des Meeresgottes Poseidon.

Beispiele:

ΨΑΛΜΟ̣Σ
Lobgesang

ΨΑ̣ΜΜΟΣ
Sand

ΨΑΛΤΗ̣ΡΙΟΝ
Saiteninstrument

ΨΕΥ̣ΔΩ
ich täusche

ΨΕΥ̣ΔΟΣ
Lüge

ΨΥΧΗ̣
Seele

ΨΥΧΑΓΩΓΟ̣Σ
Seelenführer

ΨΗ̣ΦΟΣ
Stimmstein

ΨΗΦΟΦΟΡΙ̣Α
Wahl

Zur Übung:

1. Schreibt eine Zeile: ΨΙ
2. Lest und schreibt die griechischen Wörter auf dieser Seite.

Wir brauchen das Zeichen Ψ auch, um zwei Vokalen ihren Namen zu geben:

griechischer Name:

E

Ε ΨΙΛΟΝ

Lautwert: e

griechischer Name:

Y

Υ ΨΙΛΟΝ

Lautwert: ü

Beispiele:

ΕΦΟΡΟΣ

ΕΠΑΙΝΟΣ

Aufseher

Lob

ΕΦΗΒΟΣ

ΤΥΠΟΣ

Jüngling

Gepräge

ΜΕΝΕΞΕΝΟΣ

ΞΕΝΟΦΩΝ

ΕΤΕΟΚΛΗΣ

ΠΟΛΥΝΕΙΚΗΣ

ΤΥΡΑΝΝΙΣ

Zur Übung:
1. Schreibt je eine Zeile: ΨΙ – Ε ΨΙΛΟΝ – Υ ΨΙΛΟΝ
2. Schreibt die Wörter auf dieser Seite, getrennt nach E und Y heraus.

Wir haben jetzt alle 24 Buchstaben des griechischen Alphabets als Zeichen – wenigstens als groß geschriebenes Zeichen – und nach ihren Namen kennengelernt. Zur Erholung jetzt ein griechisches Rätsel, das uns der Schriftsteller Athenaios überliefert. Es lautet:

Es gibt ein weibliches Wesen, das seine Jungen sicher unter dem Busen hält. Diese, obgleich ohne Stimme, rufen laut über die Wogen des Meeres hinweg und über die Fläche des Festlandes, und sie erreichen die Menschen, zu denen sie gelangen wollen. Auch wenn sie nicht zugegen sind, vermögen sie zu hören, aber ihr Gehör ist taub.

Man fand verschiedene Lösungen für dies Rätsel; so glaubte man, das weibliche Wesen sei der Staat. Aber dann müßten ja wohl die Politiker Wesen ohne Stimme sein. Das hat es in der Antike so wenig gegeben wie heute. Die einzige angemessene und in unserem Zusammenhang besonders interessante Auflösung lautet:

Das weibliche Wesen ist der Brief (griechisch: ΕΠΙΣΤΟΛΗ, weiblichen Geschlechts), seine Kinder sind die Buchstaben, die er zum Empfänger trägt. Zwar können sie nicht reden, aber trotzdem sprechen sie zu dem Leser in der Ferne. Und während er liest, wird niemand den Inhalt vernehmen, selbst wenn er zufällig in der Nähe steht.

2. Die Systematik des griechischen Alphabets

Damit Ihr die Buchstaben nicht nur kennenlernt, sondern wirklich lernen könnt, bringen wir jetzt das ganze Alphabet in eine neue, übersichtlichere Ordnung. Dabei soll Euch auch die innere Struktur des griechischen Alphabets deutlich werden.

2.1. Übersicht über die Vokale

Zunächst sehen wir uns die Vokale etwas genauer an.

Kurze Vokale sind:

E O

Beispiele: ΕΛΕΦΑΝΤΕΣ (Elefanten), ΟΡΝΙΘΕΣ (Vögel)

Lange Vokale sind:

H Ω

Beispiele: ΗΛΕΚΤΡΑ, ΩΡΙΩΝ

Zur Übung:
Lest und unterscheidet dabei die Vokale in der Aussprache deutlich:
ΕΛΠΙΣ Hoffnung ΕΡΕΤΡΙΑ ΚΕΡΒΕΡΟΣ
ΗΩΣ Morgenröte ΚΑΣΤΩΡ ΠΟΛΙΣ ΠΑΛΛΗΝΗ ΓΟΡΓΩ
ΒΩΜΟΣ Altar ΒΗΜΑ Tritt ΒΕΛΕΜΝΟΝ Geschoß

Drei Vokale können kurz oder lang sein:

A Ι Υ

Beispiele:
(der Strich über einem Buchstaben bedeutet Länge, der Haken bedeutet Kürze):

ΔΡᾹΜΑ   ΒᾸΣΙΣ   ᾸΛΕ̱ΞᾹΝΔΡΟΣ

ΠΡᾹΓΜΑ Tat   Ῑ̱ΡῘΣ   Ῐ̱ΣΜᾸΡΟΣ

ΠΟΛῙΤΗΣ Bürger   ΚῘΘᾹ̱ΡᾹ Zither

ΚῨΚΛΟΣ Kreis   ΚῩΜᾸ Welle

ΠῨΡᾸΜῘΣ Pyramide   ΡῨΘΜΟΣ das Fließende, «Rhythmus»

2.2. Übersicht über die Diphthonge

Das sind schon alle Vokale, und nun werdet Ihr sicher einen vertrauten Laut vermissen: das U.
Die Griechen schrieben das U mit Hilfe des Doppelzeichens:

ΟΥ

Beispiele:

ΟΥΡΑΝΟ̱Σ Himmel, «Uran»   ΡΟΥΒῚΚΩΝ Rubikon

ΡΟΥΒΡΙΟΣ Rubrius   ΟΥΣ Ohr   ΠΟΥΣ Fuß

ΘΟΥΡΙΟ̱ΜΑΝΤΙΣ Wahrsager von Thurii

Der Laut U ist also ein *Diphthong* für die Griechen, weil er aus zwei Vokalen zusammengesetzt ist.

Die griechische Sprache ist reich an Diphthongen und empfängt einen Gutteil ihres Wohllauts aus diesen Vokalverbindungen.
Bleiben wir zunächst bei den Diphthongen mit Y als zweitem Laut:

AY

(gesprochen: au) in: ΓΛΑΥΚΟΣ, ΑΥΓΗ, ΑΥΛΗ

EY

(gesprochen: eu) in: ΕΥΡΩΠΗ, ΖΕΥΣ, ΘΗΣΕΥΣ

HY

(gesprochen: eu) in: ΗΥΡΗΚΑ
(«heureka»: ich habe gefunden, rief Archimedes, als er das Gesetz des spezifischen Gewichts entdeckt hatte)

Beispiele:

ΑΥΤΟΝΟΜΟΣ nach eigenen Gesetzen lebend

ΑΥΤΑΡΚΕΙΑ Autarkie   ΑΥΤΟΔΙΔΑΚΤΟΣ der sich selbst belehrt

ΑΥΤΟΜΑΤΟΣ aus eigenem Antrieb

ΕΥΡΟΣ Südostwind   ΕΥΡΥΚΛΕΙΑ

ΕΥΛΟΓΙΑ Lobpreisung   ΕΥΜΕΝΙΔΕΣ Eumeniden

ΗΥΔΑ er sagte   ΗΥΞΑΝΟΝ ich vermehrte

Zur Übung:
Lest und schreibt die griechischen Wörter auf dieser Seite.

Neben diesen Diphthongen mit Y als zweitem Laut gibt es einige Diphthonge mit I an der zweiten Stelle:

$$\text{AI}$$

(gesprochen: ai) in: ΑΙΓΙΣΘΟΣ, ΚΛΥΤΑΙΜΗΣΤΡΑ

$$\text{EI}$$

(gesprochen: ei – wie engl. «safe») in: ΝΕΙΛΟΣ, ΜΗΔΕΙΑ

$$\text{OI}$$

(gesprochen: oi – wie engl. «oil») in: ΟΙΔΙΠΟΥΣ, ΚΡΟΙΣΟΣ

$$\text{ΥΙ}$$

(gesprochen: üi – wie franz. «nuit») in: ΘΥΙΑ, ΜΥΙΑ

Beispiele:

ΑΙΝΟΣ Lob   ΑΙΞ Ziege   ΑΙΟΛΟΣ

ΚΑΙΡΟΣ der rechte Augenblick   ΚΑΙΣΑΡ Caesar

ΕΙΔΟΣ Aussehen   ΕΙΔΩΛΟΝ Bild, Idol

ΠΕΙΡΑ Probe   ΠΕΙΘΩ Überredung   ΚΛΕΙΝΙΑΣ

ΟΙΝΟΣ Wein   ΠΟΙΗΤΗΣ Dichter

ΒΟΙΩΤΙΑ   ΟΙΔΑ ich weiß   ΧΟΙΡΟΣ Ferkel

ΓΥΙΟΝ Gelenk   ΤΥΙΔΕ hierher

Zur Übung:
Lest und schreibt die griechischen Wörter auf dieser Seite.

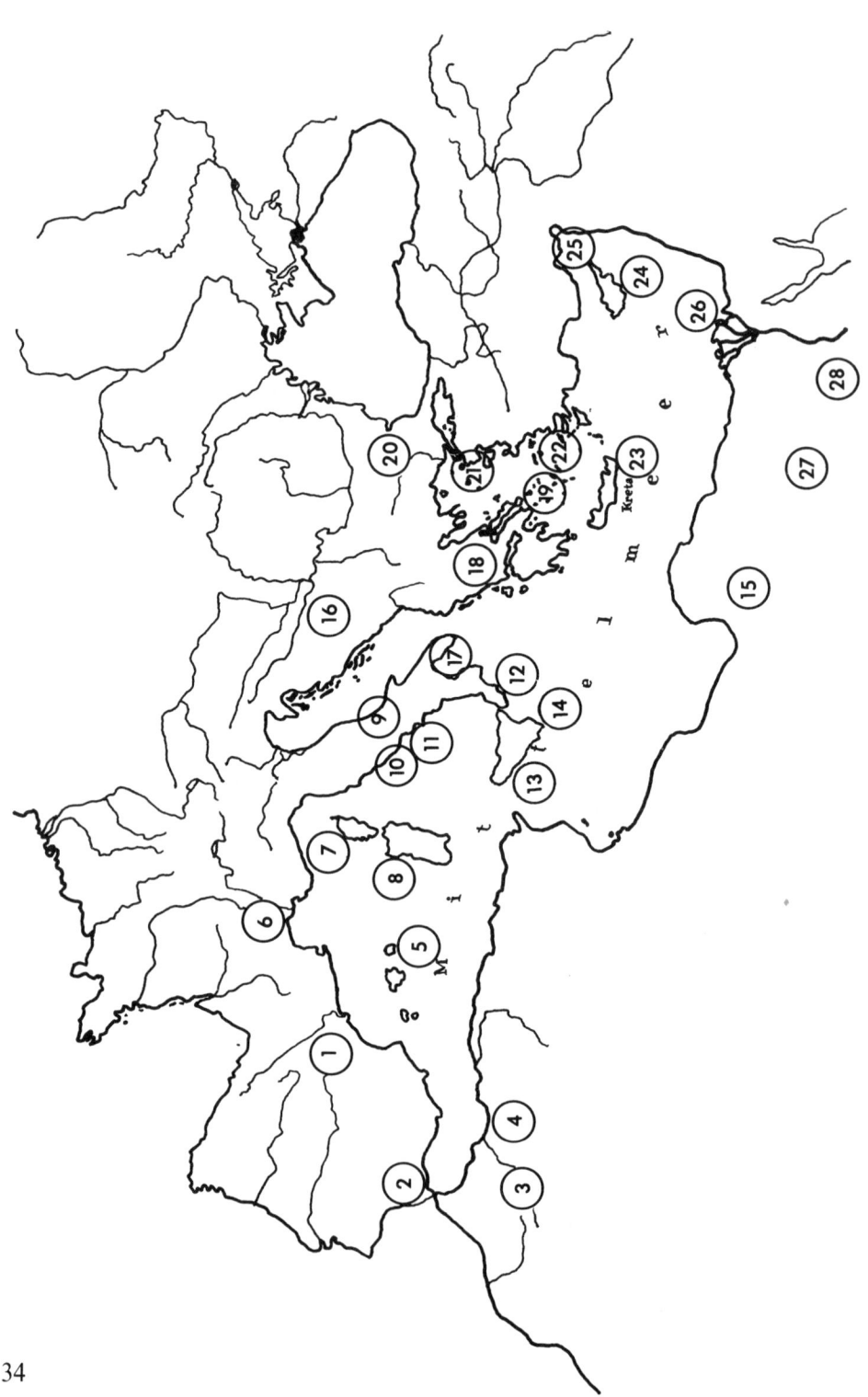

Karte: *Das Mittelmeer in griechischer Zeit*

1	ΙΒΗΡΙΑ	15	ΛΙΒΥΗ
2	ΗΡΑΚΛΕΙΟΙ ΣΤΗΛΑΙ	16	ΙΛΛΥΡΙΣ
3	ΜΑΥΡΟΥΣΙΑ	17	ΤΑΡΑΣ
4	ΑΤΛΑΣ	18	ΕΛΛΑΣ
5	ΒΑΛΙΑΡΙΔΕΣ	19	ΑΘΗΝΑΙ
6	ΜΑΣΣΑΛΙΑ	20	ΘΡΑΙΚΗ
7	ΚΥΡΝΟΣ	21	ΤΡΟΙΑ (ΙΛΙΟΝ)
8	ΣΑΡΔΩΝ	22	ΜΙΛΗΤΟΣ
9	ΙΤΑΛΙΑ	23	ΚΡΗΤΗ
10	ΡΩΜΗ	24	ΚΥΠΡΟΣ
11	ΚΥΜΗ	25	ΚΙΛΙΚΙΑ
12	ΡΗΓΙΟΝ	26	ΑΛΕΞΑΝΔΡΕΙΑ
13	ΣΙΚΕΛΙΑ	27	ΑΜΜΩΝΙΑ
14	ΣΥΡΑΚΟΥΣΑΙ	28	ΑΙΓΥΠΤΟΣ

Jetzt, wo Ihr alle Vokale und Vokalverbindungen kennt,
solltet Ihr anfangen, Griechisch zu lesen.
Wie wär's mit der «Ilias» des Homer?
Oder besser: ΙΛΙΑΣ ΤΟΥ ΟΜΗΡΟΥ.
An den Zug gegen ΙΛΙΟΝ nehmen teil:
ΑΓΑΜΕΜΝΩΝ, König von ΜΥΚΗΝΗ, als Oberbefehlshaber,
und sein Bruder ΜΕΝΕΛΑΟΣ, als König von ΣΠΑΡΤΗ.
Ferner der weise Alte ΝΕΣΤΩΡ von ΠΥΛΟΣ,
dazu ΤΛΗΠΟΛΕΜΟΣ von ΡΟΔΟΣ,
ΔΙΟΜΗΔΗΣ, König von ΑΡΓΟΣ,
die Dioskuren ΚΑΣΤΩΡ und ΠΟΛΥΔΕΥΚΗΣ,
Zwillingssöhne des ΖΕΥΣ,
vor der Küste von ΙΛΙΟΝ vom Meer verschlungen,
als Sternbilder an den Himmel versetzt.

Weiter zwei ΑΙΑΣ, der eine von ΛΟΚΡΙΣ,
der andere von ΣΑΛΑΜΙΣ,
dazu ΦΟΙΝΙΞ, ΠΑΤΡΟΚΛΟΣ,
ΠΡΩΤΕΣΙΛΑΟΣ, ΦΙΛΟΚΤΗΤΗΣ, ΝΕΟΠΤΟΛΕΜΟΣ,
und wie die Helden alle heißen.
Zwei griechische Helden wollen sich der Verpflichtung,
am Kriegszug gegen ΤΡΟΙΑ teilzunehmen, entziehen:
ΟΔΥΣΣΕΥΣ und ΑΧΙΛΛΕΥΣ.
Der erste stellt sich wahnsinnig, der andere verkleidet
sich als Mädchen. Aber alle Ausflüchte helfen ihnen nicht.
Sie werden überlistet und müssen sich an der Fahrt beteiligen.
Für ΑΧΙΛΛΕΥΣ bedeutet es die Reise in den Tod –
wie für viele griechische Kämpfer.
ΟΔΥΣΣΕΥΣ verschlägt es nach der zehnjährigen Belagerungszeit
vor ΤΡΟΙΑ noch einmal für zehn Jahre über alle Meere. Ihr
kennt noch heute den Ausdruck ΟΔΥΣΣΕΙΑ.

2.3. *Übersicht über die Konsonanten*

Auch die Konsonanten können wir in Gruppen einteilen. Wir sollten uns
vorher nur einmal klarmachen, wie es möglich ist, diese an sich doch
lautlosen Laute überhaupt hervorzubringen. Voraussetzung für die Arti-
kulation sind nämlich unsere Sprachwerkzeuge, allen voran die Zunge.
Die Zunge ist deswegen ein so hervorragendes Instrument des Sprechens,
weil sie so beweglich ist und jeden Platz der Mundhöhle erreichen kann. Die
verschiedenen Laute sind nun in erster Linie abhängig von dem Ort, wo wir
sie bilden: an der festen Wand der Zähne oder im Innern der Mundhöhle
oder – ohne Beteiligung der Zunge – flüchtig ganz vorne auf den Lippen.
Hinzu kommt noch, daß wir zwei Arten von Konsonanten bilden können:
stumme Laute und tönende Laute. Für die stummen Laute könnt Ihr auch
die Ausdrücke Augenblickslaute, Dauerlaute oder lateinisch MUTAE finden. Ich nenne sie Euch, weil alle diese Ausdrücke die Qualität der Laute zu
charakterisieren versuchen.

In der griechischen Sprache sind nun die stummen Laute mit ihren Artikulationsorten besonders differenziert und bilden für sich eine genaue Systematik:

Es gibt drei Lippenlaute (LABIALE):

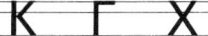

Π ist stimmlos wie unser P,
B ist stimmhaft wie unser B,
Φ ist ein behauchter Laut, also etwa: p-h,
    wird aber von uns als «f» gesprochen.

Es gibt ferner drei Gaumenlaute (GUTTURALE):

K ist stimmlos wie unser K,
Γ ist stimmhaft wie unser G,
X ist ein behauchter Laut, also: k-h,
    wir sprechen ihn heute: ch (wie in «ach» oder «ich»).

Schließlich gibt es drei Zahnlaute (DENTALE):

T ist stimmlos wie unser T,
Δ ist stimmhaft wie unser D,
Θ ist ein behauchter Laut, etwa wie «th» im Englischen; wir
    machen aber – kleine Inkonsequenz! – in der Aussprache keinen
    Unterschied zwischen T und Θ.

Beispiele:

ΠΑΤΡΟΚΛΟΣ   ΒΡΙΣΗΙΣ   ΦΟΙΒΟΣ

ΚΥΚΛΩΨ   ΓΙΓΑΝΤΕΣ   ΧΑΡΥΒΔΙΣ

ΤΥΔΕΥΣ   ΔΑΝΑΟΙ   ΘΟΑΣ

Zur Übung:
Lest die griechischen Wörter auf dieser Seite laut.

Weitere Beispiele:

ΠΡΙΑΜΟΣ ΠΡΙΑΜΙΔΗΣ Sohn des Priamos
ΠΑΡΙΣ ΒΟΥΚΟΛΟΣ Rinderhirte ΑΦΡΟΔΙΤΗ
ΦΟΙΒΟΣ ΦΩΣΦΟΡΟΣ lichtbringend
ΚΙΡΚΗ ΚΑΛΥΨΩ ΓΑΛΗΝΗ Windstille
ΛΑΕΡΤΗΣ ΤΗΛΕΜΑΧΟΣ ΠΥΛΟΣ ΔΙΟΝΥΣΟΣ
ΠΟΣΕΙΔΩΝ ΑΜΦΙΤΡΙΤΗ ΧΑΡΙΤΕΣ ΙΘΑΚΗ

 ΦΙΛΟΜΗΡΟΣ Homerliebhaber
 ΦΙΛΕΛΛΗΝ Griechenfreund
 ΦΙΛΟΝΕΙΚΙΑ Streitsucht
 ΦΙΛΟΘΗΡΟΣ passionierter Jäger
 ΦΙΛΟΜΟΥΣΟΣ Musenfreund

ΜΟΥΣΑΙ·
 ΚΛΕΙΩ ΕΥΤΕΡΠΗ ΘΑΛΕΙΑ
 ΜΕΛΠΟΜΕΝΗ ΤΕΡΨΙΧΟΡΗ ΕΡΑΤΩ
 ΠΟΛΥΜΝΙΑ ΟΥΡΑΝΙΗ ΚΑΛΛΙΟΠΗ
 (nach Hesiod, Theogonie)

Unterschrift unter einer Büste des Perikles:

Perikles

(Sohn des) Xanthippos

Athener

(Beispiel der griechischen Lapidarschrift)

Zur Übung:
Schreibt die griechischen Wörter auf dieser Seite heraus, geordnet nach
Labialen (Π – Β – Φ),
Gutturalen (Κ – Γ – Χ),
Dentalen (Τ – Δ – Θ),
die als Anfangsbuchstaben oder innerhalb der Wörter vorkommen.

Bei den Dauerlauten gibt es im Griechischen keine so ausgebreitete Vielfalt wie bei den stummen Lauten. Hierher gehören nur

2 LIQUIDE:

Λ   Ρ

2 NASALES:

Μ   Ν

1 SPIRANT:

Σ

Es gibt im Griechischen auch den Nasallaut, der sich mit dem folgenden Guttural zu einem einzigen Laut vereinigt (im Deutschen: On-kel, En-gel); geschrieben wird dieser Laut als Γ vor folgendem Guttural:

ΓΓ   ΓΚ   ΓΧ   ΓΞ

Beispiele:

ΛΩΤΟΦΑΓΟΙ   ΛΑΟΔΑΜΑΣ   ΛΑΕΡΤΗΣ   ΛΑΚΕΔΑΙΜΩΝ

ΠΡΩΤΕΥΣ   ΜΕΝΤΩΡ   ΡΑΔΑΜΑΝΘΥΣ   ΜΥΡΜΙΔΟΝΕΣ

ΜΟΥΣΑ   ΝΑΥΣΙΚΑΑ   ΝΕΣΤΩΡ   ΝΟΤΟΣ Südwind

ΣΚΥΛΛΗ   ΣΠΑΡΤΗ   ΣΑΛΑΜΙΣ   ΣΑΜΟΣ   ΣΕΙΡΗΝΕΣ

ΑΓΓΕΛΟΣ Bote, Engel   ΑΓΚΥΡΑ Anker

ΑΓΧΙΣΗΣ   ΣΥΡΙΓΞ Hirtenflöte, Syrinx

Zur Übung:
Lest die griechischen Wörter auf dieser Seite.

NOVUM TESTAMENTUM GRAECE:

ΚΑΙΝΗ ΔΙΑΘΗΚΗ
ΕΥΑΓΓΕΛΙΑ·
    ΚΑΤΑ ΜΑΘΘΑΙΟΝ
    ΚΑΤΑ ΜΑΡΚΟΝ
    ΚΑΤΑ ΛΟΥΚΑΝ
    ΚΑΤΑ ΙΩΑΝΝΗΝ
ΠΡΑΞΕΙΣ ΑΠΟΣΤΟΛΩΝ
ΚΑΘΟΛΙΚΑΙ·
    ΙΑΚΩΒΟΥ ΕΠΙΣΤΟΛΗ
    ΠΕΤΡΟΥ ΕΠΙΣΤΟΛΗ Α
    ΠΕΤΡΟΥ ΕΠΙΣΤΟΛΗ Β
    ΙΩΑΝΝΟΥ ΕΠΙΣΤΟΛΗ Α
    ΙΩΑΝΝΟΥ ΕΠΙΣΤΟΛΗ Β
    ΙΩΑΝΝΟΥ ΕΠΙΣΤΟΛΗ Γ
    ΙΟΥΔΑ
    ΕΠΙΣΤΟΛΑΙ ΠΑΥΛΟΥ·
            ΠΡΟΣ ΡΩΜΑΙΟΥΣ
            ΠΡΟΣ ΚΟΡΙΝΘΙΟΥΣ Α
            ΠΡΟΣ ΚΟΡΙΝΘΙΟΥΣ Β
            ΠΡΟΣ ΓΑΛΑΤΑΣ
            ΠΡΟΣ ΕΦΕΣΙΟΥΣ
            ΠΡΟΣ ΦΙΛΙΠΠΗΣΙΟΥΣ
            ΠΡΟΣ ΚΟΛΑΣΣΑΕΙΣ
            ΠΡΟΣ ΘΕΣΣΑΛΟΝΙΚΕΙΣ Α
            ΠΡΟΣ ΘΕΣΣΑΛΟΝΙΚΕΙΣ Β
            ΠΡΟΣ ΕΒΡΑΙΟΥΣ
            ΠΡΟΣ ΤΙΜΟΘΕΟΝ Α Β
            ΠΡΟΣ ΤΙΤΟΝ
            ΠΡΟΣ ΦΙΛΗΜΟΝΑ
ΑΠΟΚΑΛΥΨΙΣ ΙΩΑΝΝΟΥ

Haben wir damit schon alle griechischen Konsonanten eingeordnet? – Eigentlich ja, obwohl noch drei Laute übriggeblieben sind: Ξ, Ψ, Z.
Aber mit diesen Buchstaben dürfen wir es uns einfach machen, denn es handelt sich offenbar immer um eine Verbindung mit Σ.

Ξ

K-Laut + Σ

Ψ

P-Laut + Σ

Z

D-Laut + Σ

Nach den ersten Bestandteilen können wir also die Konsonantenverbindungen den stummen Lauten zuordnen, u. zw.:

Ξ den Gutturalen Γ, K, X,
Ψ den Labialen B, Π, Φ,
Z den Dentalen Δ, T, Θ
(bedenkt dabei, daß Z immer stimmhaft gesprochen wird, also wie d-s).

Die Odyssee

ΚΟΡΑΞ ΚΥΚΛΩΨ ΖΑΚΥΝΘΟΣ
– alles dies sind Namen aus der ΟΔΥΣΣΕΙΑ.
Ihr wißt, dies Werk ist benannt nach seinem Helden ΟΔΥΣΣΕΥΣ. Und Ihr wißt auch schon, daß ΟΔΥΣΣΕΥΣ sich nur widerstrebend dem Zug der Griechen gegen ΤΡΟΙΑ anschloß. Trotzdem war er für die ΔΑΝΑΟΙ – so nannten sich die Griechen zu Homers Zeit – ein wichtiger Mann. Seine Stimme gab in den Beratungen oft den Ausschlag, das trojanische Pferd – seine Erfindung.

Aber auch danach ist es ΟΔΥΣΣΕΥΣ nicht beschieden, sofort in die Heimat zurückzukehren. Vielmehr verschlägt es ihn für zehn Jahre über den ΩΚΕΑΝΟΣ, und viele Abenteuer muß er bestehen. So treibt ihn ein Sturm zu den ΛΩΤΟΦΑΓΟΙ, und nur unter größter Anstrengung vermag er von dort die Fahrt fortzusetzen. Denn seine Gefährten haben von der Frucht des ΛΩΤΟΣ gekostet. Diese Droge löscht jede Erinnerung aus und läßt die Männer sogar die Heimfahrt vergessen. Nur mit Gewalt kann ΟΔΥΣΣΕΥΣ sie auf die Schiffe zurückbringen und die Fahrt fortsetzen. Schreckliches erlebt er dann auf der Insel der ΚΥΚΛΩΠΕΣ, bei den Riesen mit dem einen Auge. ΠΟΛΥΦΗΜΟΣ, ein ΚΥΚΛΩΨ, in dessen Höhle die Griechen nichtsahnend eindringen, ist nämlich ein Menschenfresser; zwei Besucher verzehrt er noch am selben Abend, zwei am nächsten Morgen zum Frühstück. ΟΔΥΣΣΕΥΣ kann sich und die übrigen Gefährten nur durch eine List retten: Er macht den rohen Gesellen betrunken, dann sticht er ihm mit einem angespitzten Pfahl das riesige Auge aus.

Gerettet sind ΟΔΥΣΣΕΥΣ und die Seinen, aber noch längst nicht allen Gefahren entronnen. Auf ihrem Weg lauern die ΛΑΙΣΤΡΥΓΟΝΕΣ, andere menschenfressende Riesen, und Meerungeheuer wie ΣΚΥΛΛΗ und ΧΑΡΥΒΔΙΣ. Sie geraten in den Bann der ΚΙΡΚΗ, die alle Fremden in Tiere verwandelt. ΟΔΥΣΣΕΥΣ muß sogar in die Unterwelt hinabsteigen, um von dem verstorbenen Seher ΤΕΙΡΕΣΙΑΣ Gewißheit über sein weiteres Schicksal zu erhalten. Vor allem möchte er natürlich wissen, ob die Sehnsucht nach seiner Frau ΠΗΝΕΛΟΠΕΙΑ und seinem Sohn ΤΗΛΕΜΑΧΟΣ jemals erfüllt wird. Auf der Weiterfahrt entgeht er den verlockenden Gesängen der ΣΕΙΡΗΝΕΣ nur mit äußerster Willensanstrengung. Selbst Götter haben sich gegen ihn verschworen. So verliert er Schiff und Besatzung durch einen Blitzstrahl des ΗΛΙΟΣ. Er aber rettet sich zur Insel ΩΓΥΓΙΗ, wo ihn die Nymphe ΚΑΛΥΨΩ liebevoll und mildtätig empfängt. Als er sich endlich aus ihren Armen losreißt, gelangt er noch immer nicht auf dem kürzesten Weg nach Hause. Vielmehr verschlägt ihn ein Schiffbruch an die Küste der ΦΑΙΑΚΕΣ. Die Königstochter ΝΑΥΣΙΚΑΑ findet ihn und führt ihn zu ihrem Vater ΑΛΚΙΝΟΟΣ, der seinem Gast zu Ehren Festspiele veranstaltet. Aber alle Liebe und Gastfreundschaft, die er bei den ΦΑΙΑΚΕΣ erfährt, können nicht die Sehnsucht nach seiner Heimat lindern.

Dort, auf der Insel ΙΘΑΚΗ ist seine Frau ΠΗΝΕΛΟΠΕΙΑ durch die Freier, die sich auf dem herrenlosen Hof eingenistet haben, in arge Bedrängnis geraten. Nur unter großen Mühen kann ΟΔΥΣΣΕΥΣ, unterstützt von seinem Sohn ΤΗΛΕΜΑΧΟΣ und einigen treugebliebenen Dienern, wie dem Schweinehirten ΕΥΜΑΙΟΣ und der Amme ΕΥΡΥΚΛΕΙΑ, dem wilden Leben ein Ende machen.

Die vielen Einzelheiten dieser leidvollen, aber auch märchenhaften und farbenprächtigen Abenteuer sich auszumalen überlasse ich Eurer Phantasie.

Oder, wenn Ihr wollt, greift zu einer Übersetzung der ΟΔΥΣΣΕΙΑ, oder noch besser, geduldet Euch nur noch ein wenig, dann könnt Ihr alles im Original lesen.

Ich spüre nämlich schon Eure Ungeduld, und Ihr habt ja recht. Denn Ihr meint, jetzt sei es genug mit den großen Buchstaben. Alle griechischen Texte, die Ihr in den modernen Drucken findet, sind mit kleinen Buchstaben geschrieben. Große Buchstaben findet Ihr nur noch bei Eigennamen und am Kapitelanfang. Es ist ja alles richtig, was Ihr sagt; nur laßt mich noch diesen einen Gedanken aussprechen: Mit den großen Buchstaben, die Ihr bis jetzt als einzige Schriftzeichen kennengelernt habt, sind ursprünglich die ΙΛΙΑΣ und die ΟΔΥΣΣΕΙΑ und alle anderen Werke der Antike geschrieben worden. Kleine Buchstaben gibt es erst seit dem Mittelalter, etwa seit dem 9. Jahrhundert, und sie sind entstanden unter dem Einfluß der kleinen lateinischen Buchstaben.

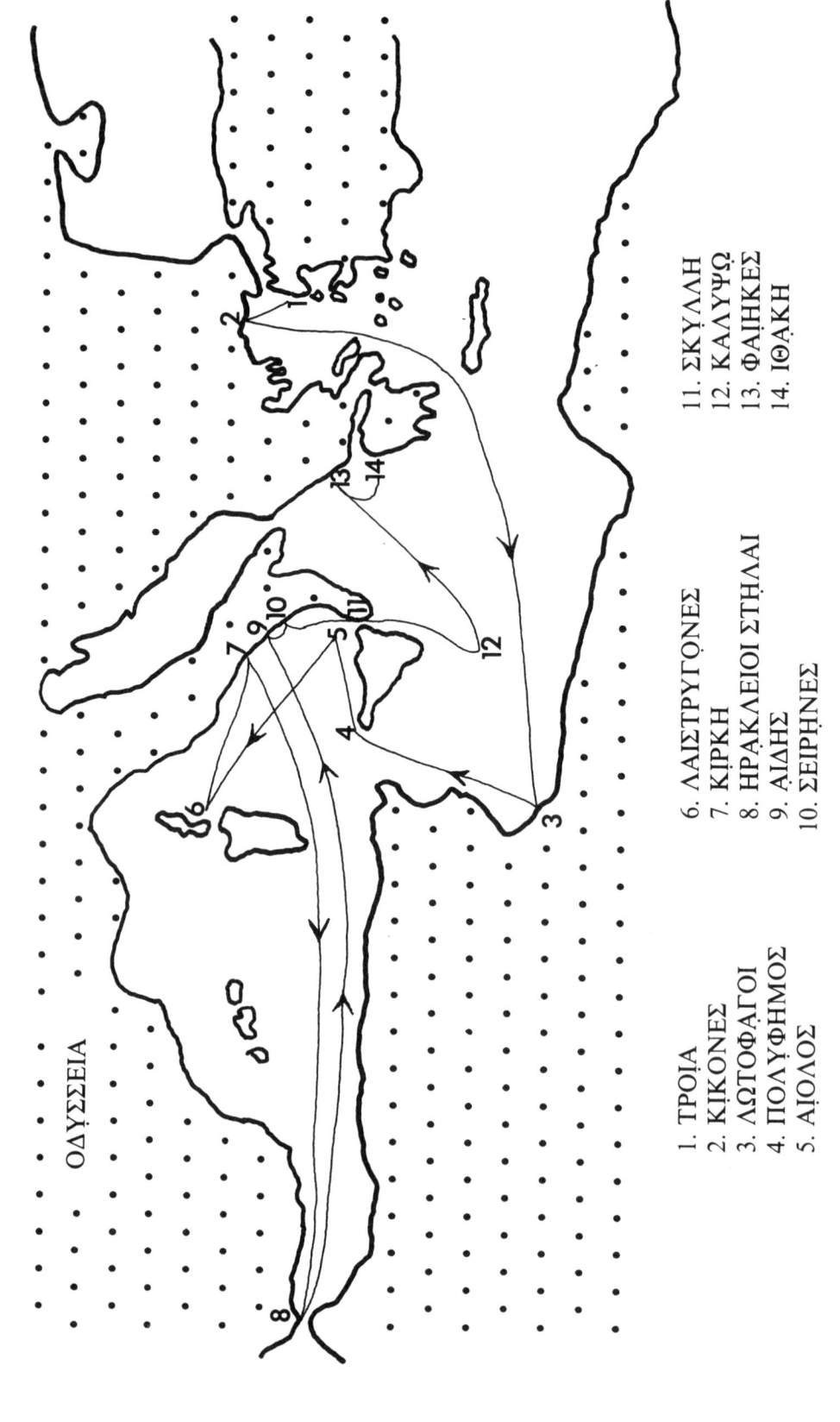

ΟΔΥΣΣΕΙΑ

1. ΤΡΟΙΑ
2. ΚΙΚΟΝΕΣ
3. ΛΩΤΟΦΑΓΟΙ
4. ΠΟΛΥΦΗΜΟΣ
5. ΑΙΟΛΟΣ

6. ΛΑΙΣΤΡΥΓΟΝΕΣ
7. ΚΙΡΚΗ
8. ΗΡΑΚΛΕΙΟΙ ΣΤΗΛΑΙ
9. ΑΙΔΗΣ
10. ΣΕΙΡΗΝΕΣ

11. ΣΚΥΛΛΗ
12. ΚΑΛΥΨΩ
13. ΦΑΙΗΚΕΣ
14. ΙΘΑΚΗ

3. Die Kleinbuchstaben

Die Entwicklung der Kleinbuchstaben verlief schrittweise: Sobald die Griechen weicheres Material (Papyrus oder Wachs) benutzten, bekamen die geraden Linien der in Metall oder Gestein gemeißelten eckigen Großbuchstaben auch rundere Formen. Die isoliert gesetzten Buchstaben wurden, wenn es ging, miteinander verbunden. Daraus entstand eine Kursive (wörtlich: eine «fortlaufende» Schrift nach lat. currere = laufen). Diese Kursive bestand immer noch aus Großbuchstaben, aber daraus entwickelte sich dann die Kleinschrift. (Man kann auch sagen: Aus den Majuskeln wurden die Minuskeln.)

Für die Kleinbuchstaben gebrauchen wir jetzt auch die Zeile in voller Höhe. Es ist Euch wohl aufgefallen, daß die Großbuchstaben immer nur den Bereich der Mittel- und Oberlänge beanspruchen. Ein Drittel der Kleinbuchstaben reicht bis in die Unterlänge hinein (aber nur ein Viertel der Minuskeln steigt bis in die Oberlänge hinauf – es wird deutlich, daß die Kleinschrift tiefer gesetzt ist als die Großschrift).

Wenn Ihr nun die kleinen Buchstaben schreiben lernen wollt, so wäre es wohl am geschicktesten, wenn man Euch die Hand führte, wie es die Schreiblehrer schon in der Antike taten:

> «Der Sprachlehrer schreibt den Kindern, die noch nicht schreiben können, die Buchstaben mit dem Griffel vor; dann reicht er ihnen die Tafel hin und fordert sie auf, diese Züge, wie er sie ihnen vorgeschrieben hat, nachzuziehen.»　(Platon, Protagoras 326 D)

Damit Ihr aber auch die Buchstaben üben könnt, wenn ich nicht dabei bin, habe ich zu jedem Kleinbuchstaben die Schreibrichtung durch Pfeile angegeben. Daraus könnt Ihr ersehen, wo man bei dem Buchstaben ansetzt, welche Richtung er nimmt und wo er endet.

3.1. *Die mit den Großbuchstaben identischen Kleinbuchstaben*

Natürlich sind alle Kleinbuchstaben aus den Großbuchstaben entwickelt worden und deswegen auch in der Form mit ihnen verwandt. Aber es gibt Kleinbuchstaben, die praktisch mit den entsprechenden Großbuchstaben genau übereinstimmen, und andere, die die Form der Majuskeln doch schon stärker abgewandelt haben. Nur mit der ersten Gruppe wollen wir uns in diesem Abschnitt beschäftigen.

Kleinbuchstabe:	Griechischer Name:	Schreibrichtung:

Ο   Ο ΜΙΚΡΟΝ   Ο

ε   Ε ΨΙΛΟΝ   ε

Dieser Buchstabe kann uns besonders deutlich zeigen, was es heißt, daß die kleinen Buchstaben aus den Majuskeln entwickelt wurden, hat er doch überall da Rundungen, wo der Großbuchstabe eckig und kantig ist.

Beispiele:

Ο ε Ο ε Ο ε Ο ε Ο ε Ο

Οε Οε Οε Οε Οε Οε Οε

εΟ εΟ εΟ εΟ εΟ εΟ εΟ

Zur Übung:
Schreibt je eine Zeile ο und ε.

Kleinbuchstabe:	Griechischer Name:	Schreibrichtung:

ρ

PΩ

χ

XI

Hier habt Ihr also die ersten Buchstaben mit Unterlängen. Der Unterschied zwischen dem großen und kleinen PΩ ist im Schriftbild ja wirklich nicht sehr groß, wohl aber beim Schreiben, denn den kleinen Buchstaben schreibt man in einem Zug vom Bauch her.

Beispiele:

ερο – ερο – ερο – ερο – ερο

ερχο – ερχο – ερχο – ερχο

χορο – χορο – χορο – χορο

Zur Übung:
Schreibt je eine Zeile ρ und χ.

Kleinbuchstabe:	Griechischer Name:	Schreibrichtung:

ι

ΙΩΤΑ

β

BHTA

Nun gebraucht Ihr sogar beides: Unter- und Oberlänge. Äußerlich unterscheidet sich also das kleine BHTA von dem großen vor allem durch die
Unterlänge; beim Schreiben entsteht das Zeichen wieder wie das PΩ in
einem einzigen Zug, der von der untersten Linie ausgeht.

Beispiele:

βρεχει   BPEXEI   βρεχει
es regnet

χρειοι   XPEIOI   χρειοι
Bedürfnis, Dativ

ρει   PEI   ρει
es fließt

Zur Übung:
1. Lest und buchstabiert die griechischen Wörter auf dieser Seite.
2. Schreibt je eine Zeile ι und β.

48

Kleinbuchstabe:	Griechischer Name:	Schreibrichtung:
τ	TAY	τ
π	Π	π

Gemeinsam ist den beiden Buchstaben und dem IΩTA der am unteren Ende in Schreibrichtung leicht gekrümmte senkrechte Strich, der dieses Zeichen von dem entsprechenden Großbuchstaben unterscheidet. Hinzu kommt bei TAY und Π der leicht geschwungene waagerechte Strich. Beachtet, daß das IΩTA noch keinen i-Punkt hat.

Beispiele:

τρεχει   ΤΡΕΧΕΙ   τρεχει
er läuft

πρεπει   ΠΡΕΠΕΙ   πρεπει
es ziemt sich

τριχι   ΤΡΙΧΙ   τριχι
Haar, Dativ

Zur Übung:
Schreibt je eine Zeile τ und π.
Schreibt die griechischen Wörter auf dieser Seite ab, einmal in Minuskeln, einmal in Majuskeln.

49

Kleinbuchstabe:	Griechischer Name:	Schreibrichtung:

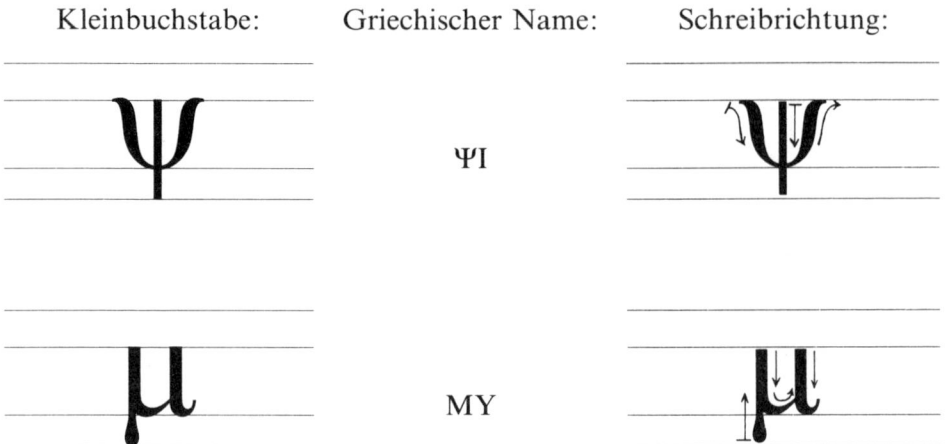

ΨΙ

MY

Vielleicht fällt es Euch beim MY schon schwerer, im kleinen den großen Buchstaben wiederzuerkennen. Ihr seht ihn aber vor Euch, wenn Ihr nur einmal den Anstrich abdeckt. So verlief die Entwicklung: Der Anstrich wurde immer länger.

$$M \rightarrow \mathcal{M} \rightarrow \mu$$

Beispiele:

μερΟΨ   ΜΕΡΟΨ μεροψ
sterblich

βομβει   ΒΟΜΒΕΙ βομβει
es dröhnt

μεμψει   ΜΕΜΨΕΙ μεμψει
Klage, Dativ

μετεχει   ΜΕΤΕΧΕΙ μετεχει
er hat Anteil

μεχρι   ΜΕΧΡΙ μεχρι
bis

Zur Übung:
1. Schreibt die griechischen Wörter auf dieser Seite in kleinen Buchstaben.
2. Schreibt je eine Zeile: ψ – μ.

Kleinbuchstabe:	Griechischer Name:	Schreibrichtung:

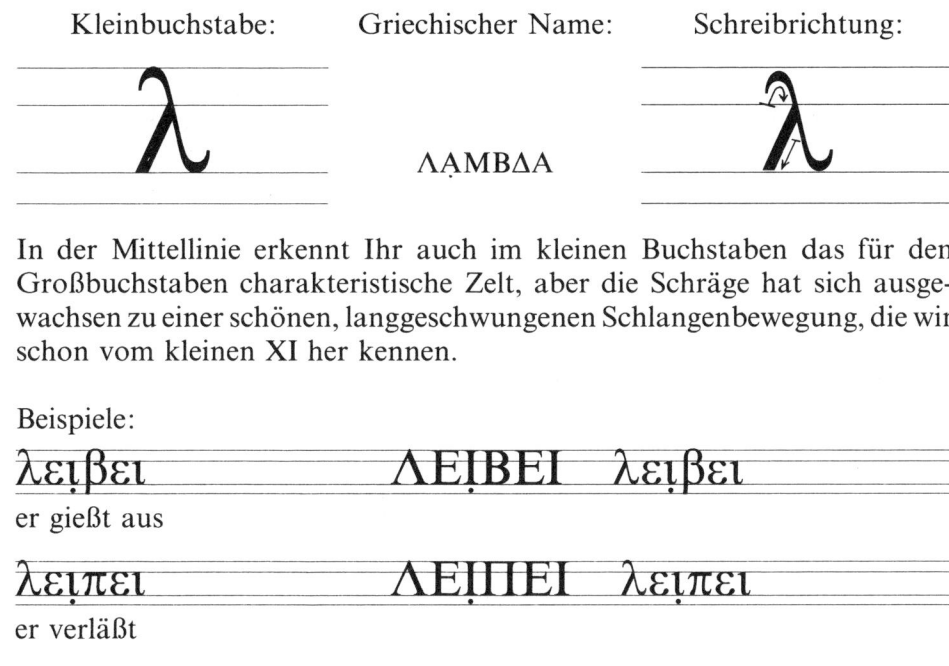

ΛΑΜΒΔΑ

In der Mittellinie erkennt Ihr auch im kleinen Buchstaben das für den Großbuchstaben charakteristische Zelt, aber die Schräge hat sich ausgewachsen zu einer schönen, langgeschwungenen Schlangenbewegung, die wir schon vom kleinen ΧΙ her kennen.

Beispiele:

λειβει   ΛΕΙΒΕΙ   λειβει
er gießt aus

λειπει   ΛΕΙΠΕΙ   λειπει
er verläßt

λειχει   ΛΕΙΧΕΙ   λειχει
er leckt

λεπει   ΛΕΠΕΙ   λεπει
er schält ab

λιψ   ΛΙΨ   λιψ
Südwestwind

βλιττει   ΒΛΙΤΤΕΙ   βλιττει
er beutet aus

μελι   ΜΕΛΙ   μελι
Honig

Zur Übung:
1. Schreibt eine Zeile λ.
2. Schreibt die griechischen Wörter auf dieser Seite in Minuskeln und Majuskeln ab.

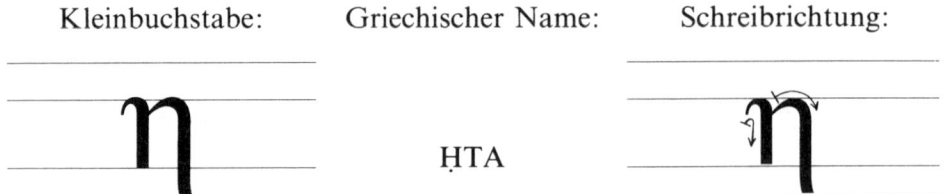

ῌTA

Vielleicht zweifelt Ihr hier an der Identität von Groß- und Kleinbuchstaben. Doch seht nur einmal genau hin: Die charakteristischen Elemente des Großbuchstabens hat auch noch das kleine ῌTA: die zwei senkrechten Parallelen und das waagerechte Verbindungsstück. Nur ist alles beim kleinen Buchstaben gerundet, aufgelockert, akzentuiert.

Beispiele:

ημι   ΗΜΙ ημι
sag ich

ηοιη   ΗΟΙΗ ηοιη
Vormittag

ρητηρ   ΡΗΤῌΡ ρητηρ
Redner

χητει   ΧῌΤΕΙ χητει
aus Mangel

ἑβη   ἙΒΗ ἑβη
er ging

ψηρ   ΨΗΡ ψηρ
Star

ληρει   ΛΗΡΕΙ ληρει
er schwatzt

Zur Übung:
1. Schreibt eine Zeile η.
2. Buchstabiert die griechischen Wörter auf dieser Seite.
3. Schreibt die kleinen griechischen Wörter ab.

Herodot berichtet über die zwölf Städte an der kleinasiatischen Küste:
«Der ionische Stamm war weitaus am schwächsten und unbe-
deutendsten. Die Athener und die übrigen Ioner wehrten sich denn auch
gegen ihren Namen, sie wollten keine Ioner sein. Jene zwölf Städte
dagegen waren stolz auf ihren Namen und hatten sich ein gemeinsames
Heiligtum erbaut, dem sie den Namen Panionion gaben.»

3.2. Von den Großbuchstaben abweichend

Die Kleinbuchstaben in der zweiten Gruppe, zu der wir jetzt kommen,
weichen in ihrer Gestalt stärker von den entsprechenden Großbuchstaben
ab. Das soll aber nicht heißen, daß sie völlig unabhängig von den Großbuchstaben entstanden wären. Im Gegenteil, auch diese Minuskeln haben sich
aus den entsprechenden Majuskeln entwickelt. Es ist eine reizvolle Aufgabe,
Euch diese Entwicklung vorzuführen.

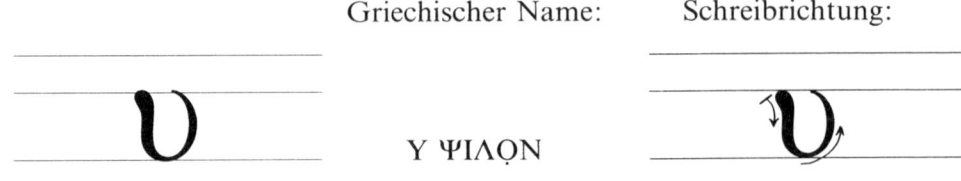

Υ ΨΙΛΟΝ

Hier müßt Ihr Euch den Weg vom großen zum kleinen Buchstaben so vorstellen:

Υ – ∨ – υ

Der Kelch des Y-Zeichens verlor also irgendwann seinen Stiel (in dieser Gestalt konnte es übrigens bei den Römern zum Schriftbild der Laute U und V werden). Das stiellose Y-Zeichen brauchte dann nur noch die für die Kursive typischen Rundungen zu erhalten – schon habt Ihr den Kleinbuchstaben.

Beispiele:

ψυχη   ΨΥΧΗ   ψυχη
Seele

βρυλλετε   ΒΡΥΛΛΕΤΕ βρυλλετε
ihr brüllt

μυριοι   ΜΥΡΙΟΙ μυριοι
zehntausend

λυπη   ΛΥΠΗ   λυπη
Trauer

χυτροι   ΧΥΤΡΟΙ χυτροι
Töpfe

πυρ   ΠΥΡ πυρ
Feuer

Zur Übung:
1. Schreibt eine Zeile υ.
2. Schreibt die griechischen Wörter auf dieser Seite in Minuskeln und Majuskeln ab.

Kleinbuchstabe:	Griechischer Name:	Schreibrichtung:

ν   NY

Die Entwicklung aus dem Großbuchstaben:

N -𝒩- ν

Ihr erkennt aus dieser Reihe, daß die Wölbungen des kleinen Buchstabens schon beim großen NY auftreten, u. zw. als Kursive. Der Anstrich ist dann weggefallen, vielleicht um das NY vom MY deutlich zu unterscheiden. Ihr seht aber auch, daß das kleine NY Ähnlichkeit mit dem Υ ΨΙΛΟΝ hat; hier aber läuft der Buchstabe unten spitz zu, dort ergibt sich eine angerundete Bucht. Also achtet sorgfältig auf den Unterschied.

Beispiele:

νυνι   ΝΥΝΙ   νυνι
gerade jetzt

νομη   ΝΟΜΗ   νομη
Weideplatz

πονει   ΠΟΝΕΙ   πονει
er müht sich ab

υ ψιλον   Υ ΨΙΛΟΝ   υ ψιλον
Ypsilon

λιμνη   ΛΙΜΝΗ   λιμνη
Teich

λιμνιον   ΛΙΜΝΙΟΝ   λιμνιον
kleiner Teich

Zur Übung:
1. Schreibt eine Zeile ν.
2. Buchstabiert die griechischen Wörter.
3. Schreibt die kleinen griechischen Wörter ab.

Kleinbuchstabe:	Griechischer Name:	Schreibrichtung:

α ΑΛΦΑ α

Hier könnt Ihr Euch die Entwicklungsreihe so vorstellen:

Δ – Λ – Κ – ᾰ

Sein Zeltdach hat der Buchstabe von Anfang an gehabt, aber der Querbalken ist immer wieder aus seiner Lage gerutscht – vor allem, wenn man den Buchstaben in einem Zug schreiben wollte – und hat dem Schriftbild – verbunden mit der Abrundung der Ecken – dies neue Aussehen gegeben.

Beispiele:

αναβολη   ΑΝΑΒΟΛΗ αναβολη
Aufschub

βαρβαροι   ΒΑΡΒΑΡΟΙ βαρβαροι
Nichtgriechen

πατηρ   ΠΑΤΗΡ πατηρ
Vater

ψαλμοι   ΨΑΛΜΟΙ ψαλμοι
Psalmen

ταραχη   ΤΑΡΑΧΗ ταραχη
Verwirrung

Zur Übung:
1. Schreibt (weil der Buchstabe etwas schwierig ist) zwei Zeilen α.
2. Schreibt die griechischen Wörter auf dieser Seite in Minuskeln und Majuskeln.

Kleinbuchstabe:	Griechischer Name:	Schreibrichtung:

ω   Ω ΜΕΓΑ   ω

Wahrscheinlich verlief die Entwicklung zum kleinen Buchstaben so:

Ω /\/\ ω ω

Die Basis wurde verlängert und seitlich hoch gezogen, dadurch wurde die Wölbung immer mehr zusammengedrückt, bis sie sich zu einem schmalen Strich in der Mitte verengt hatte. Dafür greifen jetzt die Seitenlinien in hohem Bogen bis über diesen Mittelstrich hinaus.

Beispiele:

ιωνια   ΙΩΝΙΑ ιωνια
Veilchenbeet

ωμολινον   ΩΜΟΛΙΝΟΝ ωμολινον
grobe Leinwand

ηχω   ΗΧΩ ηχω
Schall

χωριον   ΧΩΡΙΟΝ χωριον
Raum

ψωμιον   ΨΩΜΙΟΝ ψωμιον
der kleine Bissen

αμυμων   ΑΜΥΜΩΝ αμυμων
besser

Zur Übung:
1. Schreibt eine Zeile ω.
2. Lest und buchstabiert die griechischen Wörter.
3. Schreibt die griechischen Wörter in kleiner Schrift ab.

Weil ΑΛΦΑ und Ω ΜΕΓΑ der erste und der letzte Buchstabe des griechischen Alphabets sind, heißt es in der Offenbarung 1, 8:
«Ich bin das α und das ω . . .»

Bei Verben ist das ω – an den Stamm gefügt – das Zeichen für die erste Person Einzahl im Präsens. Wenn man wissen will, wie der Verbstamm lautet – und das muß man oft bedenken –, braucht man nur das ω wegzustreichen.

Beispiele:

τριβω
ich reibe

επαινεω
ich lobe

αρχω
ich herrsche

ερεττω
ich rudere

λειπω
ich verlasse

πεμπω
ich schicke

τρεπω
ich wende

βλεπω
ich blicke

ποιεω
ich mache

πλεω
ich segle

λυω
ich löse

τρεχω
ich laufe

τελεω
ich vollende

οραω
ich sehe

τελευταω
ich beende

επιχειρεω
ich greife an

Zur Übung:
Schreibt die Verben auf dieser Seite ab und ordnet sie nach dem Stammauslaut: Gutturalstamm für Verbstämme mit einem Guttural,
Labialstamm für Verbstämme mit einem Labial,
Dentalstamm für Verbstämme mit einem Dental,
Vokalstamm für Verbstämme mit einem Vokal als Schlußlaut.

Kleinbuchstabe:	Griechischer Name:	Schreibrichtung:

𝓚   ΚΑΠΠΑ   𝓚

Manchmal könnt Ihr auch die Form des großen ΚΑΠΠΑ – nur ein bißchen kleiner geschrieben – als Minuskel finden. Aber die Ecken und spitzen Winkel, die der Buchstabe dann aufweist, verraten uns, daß hier noch eine Form aus der Zeit vor der Entwicklung der Kursive bewahrt wird. Wir halten uns an die schwungvolle, charakteristische Form, in der die Spitzen und Kanten in lockere Schleifen übergehen, weil dies Zeichen in einem Zug geschrieben werden kann.

Beispiele:

μακαρ   ΜΑΚΑΡ μακαρ
glückselig

μακαρια   ΜΑΚΑΡΙΑ
Seligkeit

ακοη   ΑΚΟΗ ακοη
das Gehör

ακουω   ΑΚΟΥΩ ακουω
ich höre

ακμη   ΑΚΜΗ ακμη
Blüte

οικια   ΟΙΚΙΑ οικια
Haus

Zur Übung:
1. Schreibt zwei Zeilen κ.
2. Schreibt die griechischen Wörter auf dieser Seite ab.

Kleinbuchstabe:	Griechischer Name:	Schreibrichtung:

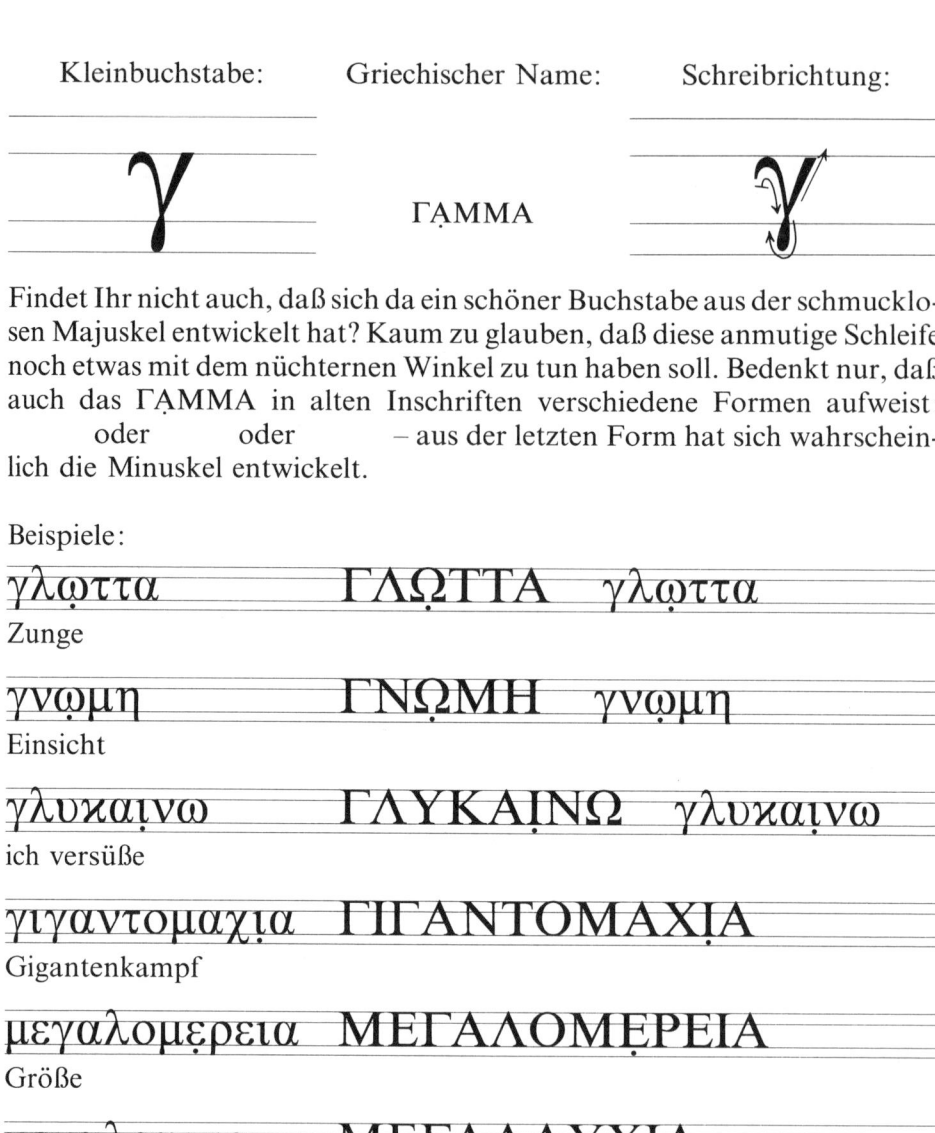

γ ΓΑΜΜΑ

Findet Ihr nicht auch, daß sich da ein schöner Buchstabe aus der schmucklosen Majuskel entwickelt hat? Kaum zu glauben, daß diese anmutige Schleife noch etwas mit dem nüchternen Winkel zu tun haben soll. Bedenkt nur, daß auch das ΓΑΜΜΑ in alten Inschriften verschiedene Formen aufweist: oder oder – aus der letzten Form hat sich wahrscheinlich die Minuskel entwickelt.

Beispiele:

γλῶττα ΓΛΩΤΤΑ γλῶττα
Zunge

γνώμη ΓΝΩΜΗ γνώμη
Einsicht

γλυκαίνω ΓΛΥΚΑΙΝΩ γλυκαίνω
ich versüße

γιγαντομαχία ΓΙΓΑΝΤΟΜΑΧΙΑ
Gigantenkampf

μεγαλομέρεια ΜΕΓΑΛΟΜΕΡΕΙΑ
Größe

μεγαλαυχία ΜΕΓΑΛΑΥΧΙΑ
Prahlerei

λογική ΛΟΓΙΚΗ λογική
Dialektik

Zur Übung:
1. Schreibt eine Zeile γ.
2. Schreibt die griechischen Wörter auf dieser Seite mit großen und kleinen Buchstaben.

60

Kleinbuchstabe:	Griechischer Name:	Schreibrichtung:

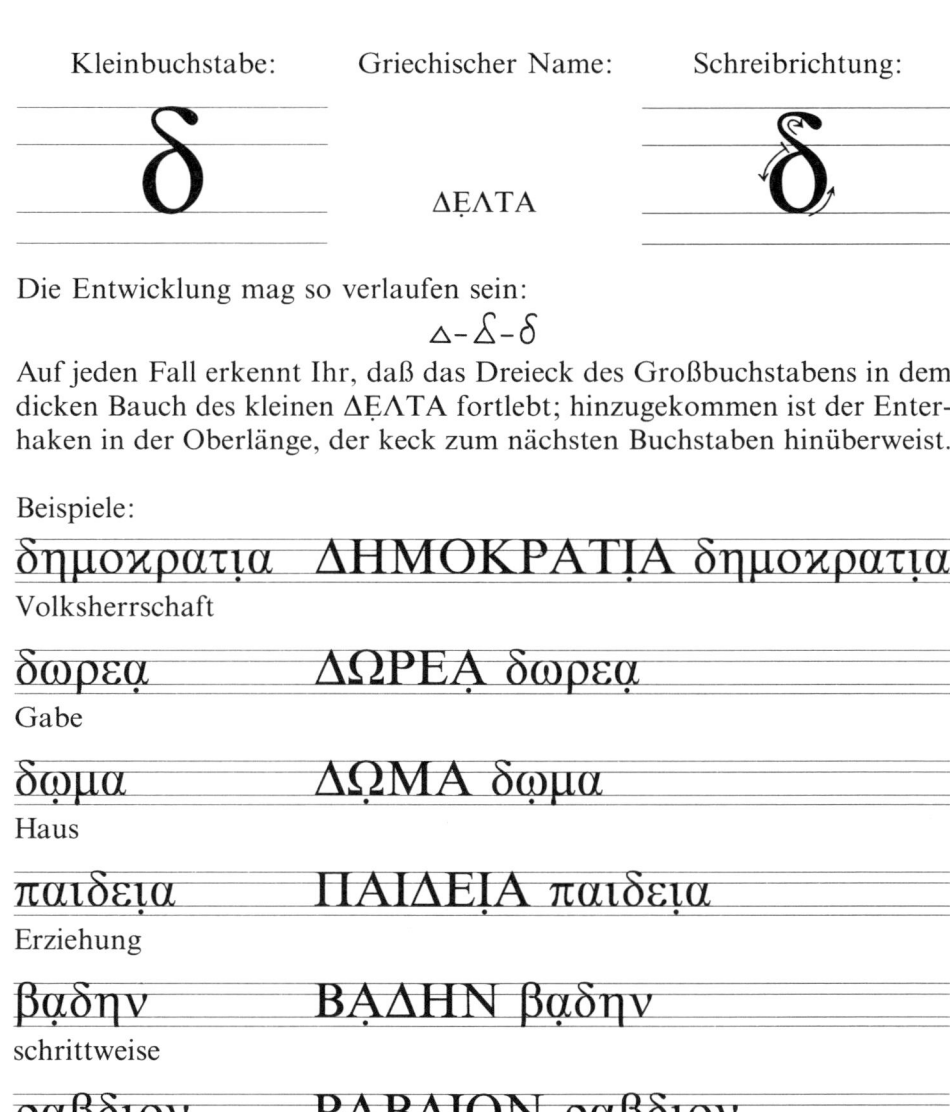

δ   ΔΕΛΤΑ   δ

Die Entwicklung mag so verlaufen sein:

△ - ⅃ - δ

Auf jeden Fall erkennt Ihr, daß das Dreieck des Großbuchstabens in dem dicken Bauch des kleinen ΔΕΛΤΑ fortlebt; hinzugekommen ist der Enterhaken in der Oberlänge, der keck zum nächsten Buchstaben hinüberweist.

Beispiele:

δημοκρατια   ΔΗΜΟΚΡΑΤΙΑ δημοκρατια
Volksherrschaft

δωρεα   ΔΩΡΕΑ δωρεα
Gabe

δωμα   ΔΩΜΑ δωμα
Haus

παιδεια   ΠΑΙΔΕΙΑ παιδεια
Erziehung

βαδην   ΒΑΔΗΝ βαδην
schrittweise

ραβδιον   ΡΑΒΔΙΟΝ ραβδιον
Rute

μηδομαι   ΜΗΔΟΜΑΙ μηδομαι
ich sinne

Zur Übung:
1. Buchstabiert die griechischen Wörter auf dieser Seite.
2. Schreibt eine Zeile δ.
3. Schreibt die griechischen Wörter in Minuskeln ab.

61

Kleinbuchstabe:	Griechischer Name:	Schreibrichtung:

ϑ

ΘΗΤΑ

Wenn Ihr das kleine ΘΗΤΑ richtig schreibt, wird auch bei Euch deutlich, daß die ovale Form der Majuskel fortlebt. Und auch der charakteristische Querstrich in der Mitte. Beide Teile sind nun miteinander verbunden, so daß der ganze Buchstabe in einem Zug geschrieben werden kann. Diesen schwungvollen Zug müßt Ihr schön üben und dabei aufpassen, daß der Buchstabe nicht zu breit wird.

Beispiele:

ϑαλαττα   ΘΑΛΑΤΤΑ ϑαλαττα
Meer

ϑαυμα   ΘΑΥΜΑ ϑαυμα
Wunder

πειϑω   ΠΕΙΘΩ πειϑω
Überredung

δηϑα   ΔΗΘΑ δηϑα
lange

καϑεδρα   ΚΑΘΕΔΡΑ καϑεδρα
Sitz

ληϑη   ΛΗΘΗ ληϑη
Vergessen

Zur Übung:
1. Schreibt zwei Zeilen ϑ.
2. Schreibt die griechischen Wörter auf dieser Seite in Minuskeln und in Majuskeln ab.

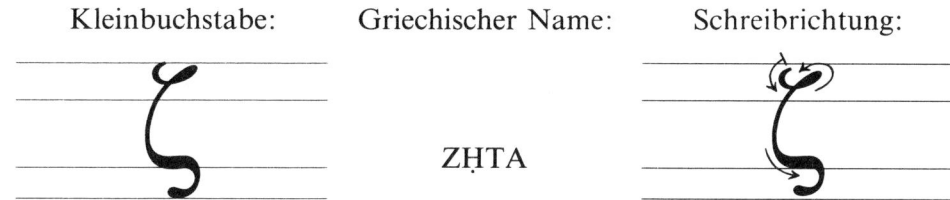

Kleinbuchstabe:	Griechischer Name:	Schreibrichtung:

ΖΗΤΑ

Die Entwicklung müßt Ihr Euch so vorstellen:

z - ζ - ζ

Also zuerst ist wohl – in der Kursiven – der waagerechte Oberstrich nur sanft durchgebogen worden; dann ergab sich, daß die spitze obere Ecke zügiger in einer Schleife umfahren werden kann – schon habt Ihr den kleinen Buchstaben, wenn Ihr auch noch die untere Ecke ein wenig abrundet.

Beispiele:

ζητημα ΖΗΤΗΜΑ ζητημα
Untersuchung

ζυγον ΖΥΓΟΝ ζυγον
Joch

ευδαιμονιζω ΕΥΔΑΙΜΟΝΙΖΩ
ich preise glücklich

ζωνη ΖΩΝΗ ζωνη
Gürtel

βαζων ΒΑΖΩΝ βαζων
schwatzend

νιζομαι ΝΙΖΟΜΑΙ νιζομαι
ich wasche mich

Zur Übung:
1. Schreibt eine Zeile ζ.
2. Schreibt die griechischen Wörter (groß und klein) ab.

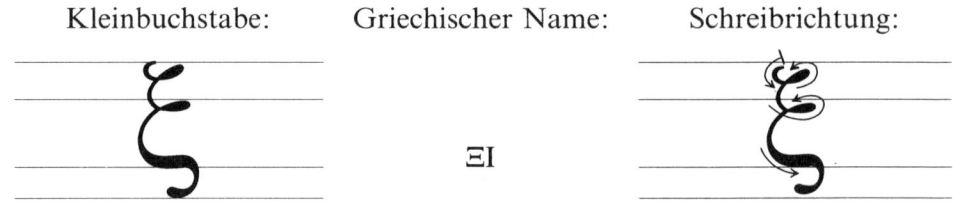

Kleinbuchstabe:	Griechischer Name:	Schreibrichtung:

ΞI

Das kleine ZĘTA hat viel Ähnlichkeit mit dem kleinen ΞI, denn das kleine ΞI unterscheidet sich von dem ersten Buchstaben ja nur durch die zusätzliche Schleife in der Mitte. Wie es dazu kommt, veranschaulicht die Entwicklungsreihe:

$$Ξ - ξ - ξ$$

Beispiele:

ξενια   ΞΕΝΙΑ ξενια
Gastgeschenke

ξανθοθριξ   ΞΑΝΘΟΘΡΙΞ
mit blondem Haar

ξυλον   ΞΥΛΟΝ ξυλον
Holz

νυξ   ΝΥΞ νυξ
Nacht

εξοδιον   ΕΞΟΔΙΟΝ εξοδιον
Ausgang

πτυξ   ΠΤΥΞ πτυξ
Falte

βομβαξ   ΒΟΜΒΑΞ βομβαξ
Ausruf des Staunens

Zur Übung:
1. Schreibt zwei Zeilen ξ.
2. Schreibt die griechischen Wörter auf dieser Seite in Majuskeln und Minuskeln ab.

Kleinbuchstabe:	Griechischer Name:	Schreibrichtung:

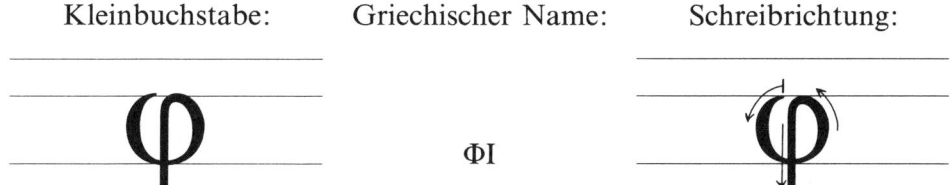

φ   ΦΙ   φ

Wie beim kleinen ΘΗΤΑ erklären sich auch hier die Veränderungen aus dem Wunsch, den Buchstaben in einem Zug zu schreiben. Wenn Ihr das berücksichtigt, erkennt Ihr auch beim kleinen ΦΙ das Oval und den senkrechten Strich wieder – also seine charakteristischen Teile.

Beispiele:

φιλανϑρωπια   ΦΙΛΑΝΘΡΩΠΙΑ
Menschenliebe

φυλλον   ΦΥΛΛΟΝ φυλλον
Blatt

φωνη   ΦΩΝΗ φωνη
Stimme

φυλαξ   ΦΥΛΑΞ φυλαξ
Wächter

οφϑαλμιδιον   ΟΦΘΑΛΜΙΔΙΟΝ
Äuglein

βλεφαρον   ΒΛΕΦΑΡΟΝ βλεφαρον
Augenlid

κεφαλη   ΚΕΦΑΛΗ κεφαλη
Kopf

εφαγον   ΕΦΑΓΟΝ εφαγον
ich aß

Zur Übung:
1. Schreibt eine Zeile φ.
2. Schreibt die kleinen griechischen Wörter auf dieser Seite ab.

| Kleinbuchstaben: | Griechischer Name: | Schreibrichtung: |

1.

σ   ΣΙΓΜΑ   σ

2.

ς   ς

BOMBAΞ: zwei Zeichen? Ich muß es Euch erklären. Das erste Zeichen ist das gewöhnliche kleine ΣΙΓΜΑ, das zweite Zeichen steht nur am Wortende. Wir nennen es das Schluß-ΣΙΓΜΑ. Es scheint mir übrigens leichter, Euch die Entwicklung des zweiten Zeichens vorzuführen:

Σ – ϲ – < – ϲ – ς

Beispiele:

σελήνη   ΣΕΛΗΝΗ σελήνη
Mond ·

αστηρ   ΑΣΤΗΡ αστηρ
Stern

πλανητης   ΠΛΑΝΗΤΗΣ πλανητης
umherirrend

κοσμος   ΚΟΣΜΟΣ κοσμος
Ordnung, Welt

γαλαξιας   ΓΑΛΑΞΙΑΣ γαλαξιας
Milchstraße

Zur Übung:
1. Schreibt je eine Zeile σ und ς.
2. Schreibt die griechischen Wörter auf dieser Seite mit großen und kleinen Buchstaben ab.

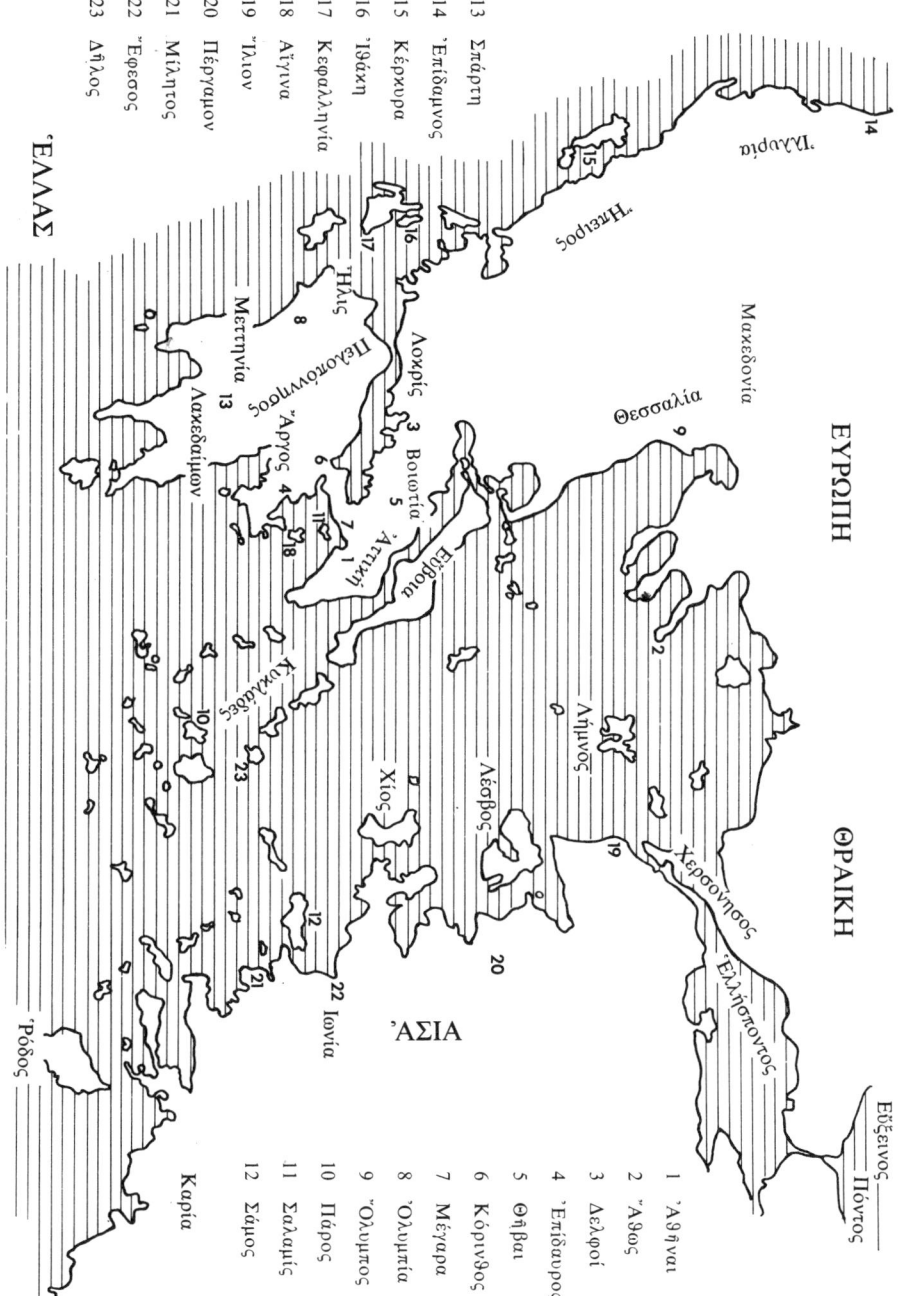

ΕΥΡΩΠΗ

ΘΡΑΙΚΗ

ΑΣΙΑ

ΕΛΛΑΣ

1 Ἀθῆναι
2 Ἄθος
3 Δελφοί
4 Ἐπίδαυρος
5 Θῆβαι
6 Κόρινθος
7 Μέγαρα
8 Ὀλυμπία
9 Ὄλυμπος
10 Πάρος
11 Σαλαμίς
12 Σάμος

13 Σπάρτη
14 Ἐπίδαμνος
15 Κέρκυρα
16 Ἰθάκη
17 Κεφαλληνία
18 Αἴγινα
19 Ἴλιον
20 Πέργαμον
21 Μίλητος
22 Ἔφεσος
23 Δῆλος

Μακεδονία
Θεσσαλία
Ἤπειρος
Ἰλλυρία
Λοκρίς
Βοιωτία
Ἀττική
Ἦλις
Πελοπόννησος
Ἄργος
Μεσσηνία
Λακεδαίμων
Κυκλάδες
Λῆμνος
Λέσβος
Χίος
Ἰωνία
Καρία
Ῥόδος
Χερσόνησος
Ἑλλήσποντος
Εὔξεινος Πόντος

67

So reiste man vor gut hundert Jahren in Griechenland:

Bald kam ich auf dem Felde des Laertes an, wo ich mich niedersetzte, um auszuruhen und den 24. Gesang der Odyssee zu lesen. Die Ankunft eines Fremden ist schon in der Hauptstadt von Ithaka ein Ereigniss, wie viel mehr noch auf dem Lande. Kaum hatte ich mich gesetzt, so drängten sich die Dorfbewohner um mich und überhäuften mich mit Fragen. Ich hielt es für das Klügste, ihnen den 24. Gesang der Odyssee vom 205. bis 412. Verse laut vorzulesen und Wort für Wort in ihren Dialekt zu übersetzen. Grenzenlos war ihre Begeisterung, als sie in der wohlklingenden Sprache Homers, in der Sprache ihrer glorreichen Vorfahren vor dreitausend Jahren, die schrecklichen Leiden erzählen hörten, welche der alte König Laertes grade an der Stelle erduldet hatte, wo wir versammelt waren, und bei der Schilderung seiner hohen Freude, als er an demselben Orte nach zwanzigjähriger Trennung seinen geliebten Sohn Odysseus, den er für todt gehalten hatte, wiederfand. Aller Augen schwammen in Thränen, und als ich meine Vorlesung beendet hatte, kamen Männer, Frauen und Kinder, alle an mich heran und umarmten mich mit den Worten:

Μεγάλην χαρὰν μᾶς ἔκαμες·
κατὰ πολλὰ σὲ εὐχαριστοῦμεν
(Du hast uns eine große Freude gemacht,
wir danken dir tausendmal).

Man trug mich im Triumph ins Dorf, wo alle miteinander wetteiferten, mir ihre Gastfreundschaft in reichstem Maasse zu Theil werden zu lassen, ohne die geringste Entschädigung dafür annehmen zu wollen.

Der Abschied von den Inselbewohnern:

> Hierauf trennten wir uns, aber nicht ohne lebhafte Rührung auf beiden Seiten; jeder nahm von mir Abschied, indem er mir die Hand drückte, mich küßte und leise sagte:
> Χαῖρε, φίλε, εἰς καλὴν ἀντάμωσιν
> (lebe wohl, Freund, auf glückliches Wiedersehen!)
> Heinrich SCHLIEMANN: Ithaka, der Peloponnes und Troja. Archäologische Forschungen. Leipzig 1869, S. 39 f. und 77)

Antike Schultafel aus Holz mit einer Strafarbeit

ΦΙΛΟΠΟΝΕΙ ΩΠ ΑΙ ΜΗΔΑΡΗC

ΦΙΛΟΠΟΝΕΙ ΩΠΑΙ ΜΙΔΑΡΗC

ΦΙΛΟΠΟΝΕΙ ΩΠΑΙ ΜΗΔΑΡΗC

ΦΙΛΟΠΟΝΕΙ ΩΠΑΙ ΜΗΔΑΡΗC

ΦΙΛΟΠΟΝΕΙ ΩΠΑΙ ΜΗΔΑΡΗC

Umschrift in Minuskeln:
φιλοπονει ω παι μη δαρης

Übersetzung:
Gib dir Mühe Junge, damit du nicht bestraft wirst.

4. Zusätzliche Schriftzeichen

Die Buchstaben habt Ihr jetzt vollzählig kennengelernt, und damit könnt Ihr Euch schon fast überall in griechischen Texten zurechtfinden. Allerdings, wenn Ihr Euch die griechischen Zitate in dem Reisebericht von Heinrich Schliemann oder die griechischen Namen auf der Karte von Griechenland (S. 59) genau angesehen habt, sind Euch noch zusätzliche Zeichen aufgefallen. Vielleicht verwirren sie Euch im Augenblick sogar. Übrigens hat man im Neugriechischen seit kurzem auf eine Reihe von Schriftzeichen verzichtet.

Wenn man allerdings das Altgriechische lesen will – und das wollt Ihr doch auch –, ist die Kenntnis der Zeichen unentbehrlich. Sie sind freilich längst nicht so schwer, wie es im ersten Anlauf aussieht.

Vorerst wollen wir uns an einen grundlegenden Unterschied halten:

Eine Gruppe von Zeichen ersetzt Buchstaben.

Eine Gruppe von Zeichen regelt die Betonung.

Eine Gruppe von Zeichen gliedert den Satz, ist also eine Ansammlung von Satzzeichen.

4.1. *Buchstabenersatz*

4.1.1. *Spiritus*

Vielleicht ist es Euch schon aufgefallen, daß es im Griechischen keinen Buchstaben für den Hauchlaut (unser H) gibt. Das Zeichen H bedeutet ja ḤTA, wie Ihr sicher noch erinnert. Schuld daran ist der jonische Dialekt, der einen Hauchlaut nicht kennt und deswegen das Zeichen für einen anderen Laut verwendete; man kann auch sagen: Er widmete das Zeichen um.

Die übrigen griechischen Dialekte aber sprachen einen Hauchlaut und hatten deswegen auch das Bedürfnis, ihn in der Schrift zu kennzeichnen. Das Ergebnis war ein Kompromiß: Man kennzeichnete den Hauchlaut am Anfang eines Wortes, im Wortinnern verzichtete man darauf.

Als Zeichen griff man auf das alte H zurück, aber man halbierte es:

⊢ bedeutet: Das Wort beginnt mit einem Hauchlaut.

⊣ bedeutet: Das Wort beginnt mit einem unbehauchten Vokal.

Das halbe H ist dann in der Kursivschrift zu einem kleinen Haken, ähnlich unserem Auslassungszeichen, verkümmert, und zwar

nach rechts offen (´) für den behauchten Laut,

nach links offen für den unbehauchten Laut (').

In der Fachwissenschaft heißt dies Zeichen Spiritus (Mehrzahl: Spiritūs),
Spiritus asper (d. h. rauher Spiritus) für den behauchten Laut,
Spiritus lenis (d. h. milder Spiritus) für den unbehauchten Laut.

Beispiele:

Ἑκαταιος
Hekataios

Ὑπεριων
Hyperion

Ὑακινθος
Hyazinthe

Ἑσπεριδες
Hesperiden

Ἁρπαλος
Harpalos

Ἡρα
Hera

Ἡρακλης
Herakles

Ἡρακλειδης
Sohn des Herakles

aber:

Ἀρτεμις
Artemis

Ἀπολλων
Apollon

Ἀριων
Arion

Ἠλεκτρα
Elektra

Ἠλυσιον
Elysium

Ἠλις
Elis

Ὀλυμπος
Olymp

Ἐλπις
Elpis

Zur Übung:
1. Lest die griechischen Wörter deutlich.
2. Schreibt die griechischen Wörter der rechten und der linken Spalte ab.

Wir müssen uns jetzt noch zwei Besonderheiten, die die Stellung des Spiritus betreffen, merken:

1. Fängt das Wort mit einem kleinen Buchstaben an, so steht der Spiritus nicht vor, sondern über dem Buchstaben.

Beispiele:

ἓξ

sex sechs

ἐννέα

novem neun

ἑπτά

septem sieben

ἕνδεκα

undecim elf

ὀκτώ

octo acht

2. Beginnt das Wort mit einem Diphthong, so steht der Spiritus über dem zweiten Buchstaben, u. zw. unabhängig davon, ob der erste Buchstabe groß oder klein geschrieben wird.

Beispiele:

Εὐάδνη

Euadne, Tochter Poseidons

Οὐρανία

Muse der Sternkunde

εἰκών

Ikon, das Bild

εἵλωτης

der Helote

εἱλωτεύω

ich bin Helote

εὐαγγέλιον

Evangelium

αὐτόματος

automatisch

αὐτόχθων

autochthon, eingeboren

αἷμα

Blut

αἰθήρ

Äther

Zur Übung:
1. Lest die griechischen Wörter.
2. Schreibt die griechischen Wörter, getrennt nach Spiritus asper und Spiritus lenis, ab.

72

Den Spiritus asper bekommt auch das Ῥω, wenn dieser Buchstabe am Wortanfang steht – ein Zeichen, daß ursprünglich auch dieser Laut behaucht war.

Beispiele:

Ῥαδαμανθυς
Richter der Unterwelt

Ῥοδος
Rhodos

Ῥωμη
Roma

Ῥωμυλος
Romulus

ῥυθμος
Rhythmus

ῥυθμικος
rhythmisch

ῥομβος
Kreisel, Rhombus

ῥευμα
Fluß

Zur Übung:
1. Lest die griechischen Wörter.
2. Schreibt die griechischen Wörter ab.

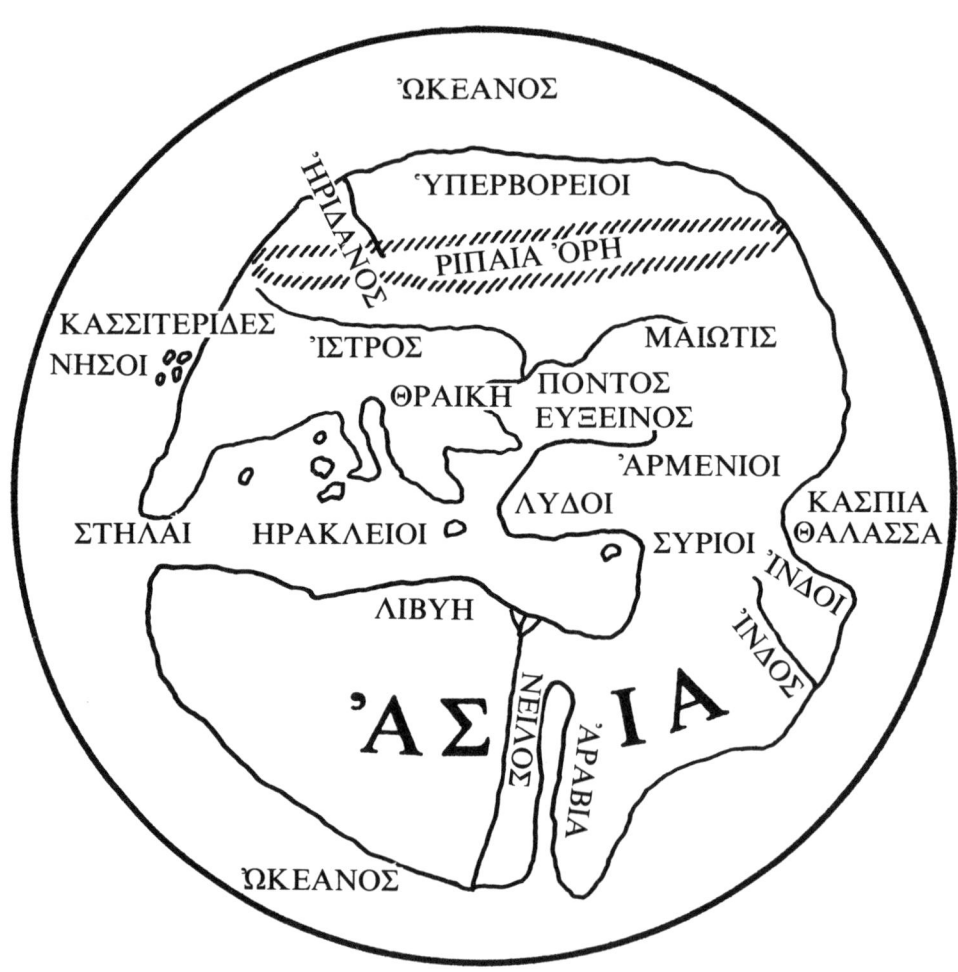

Erläuterungen zur Welt des Hekataios

Κασσιτεριδες Νησοι	Zinninseln, sagenhafte Inseln außerhalb der Säulen des Herakles
Στηλαι Ἡρακλειοι	Säulen des Herakles: die Vorgebirge an der Straße von Gibraltar
Ὠκεανος	Ozean, das große Weltmeer, das die Erdscheibe umfließt
Ῥιπαια Ὀρη	fabelhaftes Gebirge im Norden, angeblich Ural
Ὑπερβορειοι	Hyperboreer: sagenhaftes Volk im äußersten Norden
Ἡριδανος	Eridanos: fabelhafter Fluß im Westen
Μαιωτις	mäotische See, Meer von Asow
Ποντος Εὐξεινος	Schwarzes Meer, eigentlich: gastfreundliches Meer (euphemistische, d. h. beschönigende Bezeichnung)
Ἰστρος	Ister, heute: Donau
Θραικη	Thrakien
Λυδοι	Lydier, Bewohner von Λυδια
Ἀρμενιοι	Armenier, Bewohner von Ἀρμενια
Συριοι	Syrer, Bewohner von Συρια
Ἰνδοι	Inder, Volk jenseits des Ἰνδος
Ἀσια	Asien, zweiter Weltteil, umfaßt alles außer Εὐρωπη
Εὐρωπη	Europa, alles nördlich der Linie Στηλαι Ἡρακλειοι – Κασπια Θαλασσα
Κασπια Θαλασσα	Kaspisches Meer, zu Hekataios' Zeit noch nicht als Binnenmeer erkannt, sondern als Bucht des Ὠκεανος gedacht
Ἀραβια	Arabien, von den Ἀραβες bewohnt
Νειλος	Nil
Λιβυη	Libyen

4.1.2. *Das stumme Iota*

Das stumme Iota ist erst im Laufe der Zeit verstummt; es wird mitgeschrieben, aber es wird nicht mehr mitgesprochen. Es kann nur in Verbindung mit den langen Vokalen α, η und ω auftreten. Es steht – in der Regel – unter den kleinen, aber hinter den großen Buchstaben:

Iota subscriptum:

ᾳ   ῃ   ῳ

Iota adscriptum:

Αι   Ηι   Ωι

Beispiele: vergleicht damit:

Τρῳάδες   Τροία

                               aus:

ᾄδω   ἀείδω

Wie die Beispiele zeigen, steht das stumme Iota in Verbindung mit einem Diphthong, auch wenn wir die Herleitung aus dem Diphthong nicht erkennen können. Doch gehört das stumme Iota zum Stamm eines Wortes, manchmal einer ganzen Wortfamilie, wie die Ableitungen und Zusammensetzungen mit ᾄδω deutlich machen:

ᾠδή   τραγῳδία
Gesang   Tragödie

ᾠδεῖον   κωμῳδία
Konzerthalle   Komödie

Zur Übung:
1. Lest die griechischen Wörter.
2. Schreibt die griechischen Wörter ab.

Aufschlußreich ist:
ᾠδή lebt als ‹ode› im Lateinischen (dann im Deutschen) fort, τραγῳδια lebt
als ‹tragoedia› im Lateinischen (‹Tragödie› im Deutschen) fort. Daraus
könnt Ihr den Schluß ziehen: Die beiden Wörter ᾠδή und τραγῳδια sind zu
unterschiedlichen Zeiten ins Lateinische übernommen worden:
τραγῳδια zu einer Zeit, als man den Diphthong noch hörte;
ᾠδή erst, als das Iota schon verstummt war (das setzt ein im Hellenismus,
etwa im 3. Jahrhundert v. Chr.).

Weitere Beispiele für stummes Iota:

ἀποϑνῃσκω   Ἅιδης
ich sterbe   Hades

Seht Euch das letzte Beispiel noch einmal genau an:

Ἅιδης   Αἰδῶς
vergleicht damit: Ehrfurcht

Ihr erkennt: Der Spiritus steht über dem Iota, wenn wir einen Diphthong
vor uns haben; im Unterschied dazu trägt das stumme Iota, auch wenn es
neben einem Buchstaben steht – als Iota adscriptum –, kein Zeichen.
Häufig begegnet das stumme Iota in Endungen. So haben die Artikel ὁ und
ἡ im Dativ Singular τῳ und τῃ und die Substantive mit der Endung -ος, -η
oder -α im Dativ Singular -ῳ, -ῃ, -ᾳ.

Beispiele:

ὁ φιλος   τῳ φιλῳ
der Freund   dem Freund

ἡ ἀγορᾳ   τῃ ἀγορᾳ
der Markt   dem Markt

ἡ ᾠδή   τῃ ᾠδή
der Gesang   dem Gesang

Zur Übung:
Lest die griechischen Wörter auf dieser Seite.

Zur Übung:
Schreibt die folgenden Wörter ab und bildet den Dativ Singular.

ὁ ἄνθρωπος
der Mensch

ὁ δῆμος
das Volk

ὁ μῦθος
das Wort, die Sage

ὁ νόμος
das Gesetz

ὁ οὐρανός
der Himmel

ὁ τόπος
der Ort

ἡ τύχη
das Glück

ἡ πύλη
das Tor

ἡ σκηνή
das Zelt

ἡ οἰκία
das Haus

ἡ Μοῖρα
die Schicksalsgöttin

ἡ λόγχη
die Lanze

ἡ κεφαλή
der Kopf

ἡ κλαγγή
der Schall

ἡ φωνή
die Stimme

ἡ σχολή
die Muße

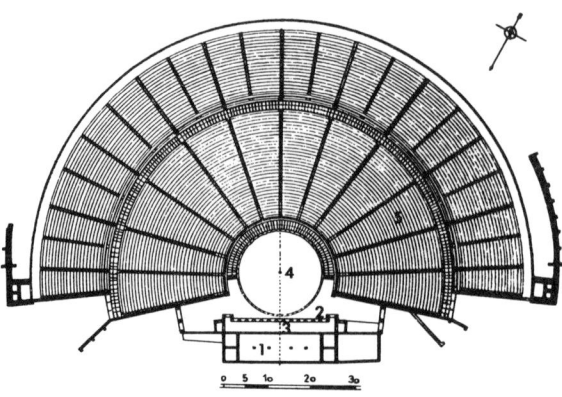

Epidauros, Asklepiosheiligtum, Theater, Grundriß

Erläuterungen zum griechischen Theater

1 Σκηνη	wörtlich: Zelt, Aufbau hinter der Bühne
2 Σκηνογραφια	Bühnenbild, dem der Zuschauer entnehmen konnte, auf welchem Schauplatz das Drama spielt
3 Προσκηνιον	Platz vor der Σκηνη, wo die Schauspieler vor allem agierten
4 Ὀρχηστρα	Platz, auf dem der Chor tanzte, im Mittelpunkt ein Altar des Dionysos
5 Θεατρον	Sitzreihen für die Zuschauer

ΤΡΑΓΩΙΔΙΑ
Εὐριπιδης· ΦΟΙΝΙΣΣΑΙ
ΤΑ ΤΟΥ ΔΡΑΜΑΤΟΣ ΠΡΟΣΩΠΑ
(Die Rollen des Dramas)

ἸΟΚΑΣΤΗ	ΚΡΕΩΝ
ΠΑΙΔΑΓΩΓΟΣ	ΤΕΙΡΕΣΙΑΣ
(Erzieher)	ΜΕΝΟΙΚΕΥΣ
ἈΝΤΙΓΟΝΗ	ἈΓΓΕΛΟΣ
ΧΟΡΟΣ ἘΚ	(Bote)
ΦΟΙΝΙΣΣΩΝ	
(Chor bestehend aus	ἝΤΕΡΟΣ ἈΓΓΕΛΟΣ
Poinisserinnen)	(Zweiter Bote)
ΠΟΛΥΝΕΙΚΗΣ	ΟΙΔΙΠΟΥΣ
ἘΤΕΟΚΛΗΣ	

Das Stück spielt in Θηβαι.
Ἐτεοκλης und Πολυνεικης, Söhne des Οἰδιπους, haben einen Vertrag geschlossen: Im Wechsel soll jeweils einer der Brüder über die Vaterstadt herrschen, während der andere diese Zeit im Ausland verbringt. Aber Ἐτεοκλης will, nachdem er die Macht einmal gekostet hat, nicht mehr zurücktreten. So beginnt sich der Fluch, den Οἰδιπους über seine beiden Söhne ausgesprochen hat, auszuwirken.
Denn Πολυνεικης hat inzwischen die Tochter des Königs von Ἀργος, des Ἀδραστος, geheiratet, und mit Unterstützung seines Schwiegervaters schart er ein Heer um sich und zieht gegen Θηβαι und Ἐτεοκλης. Die Mutter Ἰοκαστη versucht noch, zwischen den beiden Brüdern zu vermitteln, doch ihre Bemühungen scheitern. Der Untergang der Stadt Θηβαι scheint unabwendbar.

Da verkündet der blinde Seher Τειρεσιας, die Stadt werde gerettet, wenn der Sohn des Κρεων, Μενοικευς, Ἄρης, dem Gott des Krieges, geopfert werde. Κρεων weigert sich, diesem grausigen Verlangen nachzugeben; Μενοικευς aber opfert sich freiwillig und ohne daß sein Vater etwas davon weiß. Und tatsächlich bleibt die Stadt verschont, aber das Haus der Λαβδακιδαι wird ausgelöscht: Ἐτεοκλης und Πολυνεικης töten sich gegenseitig im Zweikampf; über ihren Leichen gibt Ἰοκαστη sich selbst den Tod. Οἰδιπους verläßt das Haus und zieht, begleitet nur von seiner Tochter Ἀντιγονη, in eine ungewisse Fremde.

Ausflug ins Neugriechische:

Wer kennt die Namen? Wer versteht die Nachrichten?
 1 Μάργκαρετ Θάτσερ
 2 Μιχαήλ Γκορμπατσώφ – Μόσχα
 3 Παρίσι
 4 Φρανσουά Μιτεράν – ο πρόεδρος της Γαλλίας
 5 Και ο Μιτεράν ἐναντίον του «Πολέμου των ἀστρων»
 6 Ρήγκαν
 7 Κινηματογραφοί· Η δημοσία γυναίκα – Κάρμεν
 8 Σπένσερ Τρείσι
 9 Το ραδιοφωνικὸ πρόγραμμα
10 Σπορ – Σεππ Χέρμπεργκερ – Τζίμμυ Κόνορς
11 Ολυμπιακοί Αγωνες
12 aus: ΕΘΝΟΣ – Τρίτη 18 Δεκεμβρίου 1984

Auflösung: S. 125

4.2. Betonungszeichen

Die Betonungszeichen (Akzente) regeln die Betonung. Dazu muß man wissen:
Betont wird ein griechisches Wort auf einer der drei letzten Silben. (Zum Vergleich: Im Deutschen wird der Stamm eines Wortes betont, und das ist in der Regel die erste Silbe. Im Französischen wird immer die letzte Silbe betont.)

Die griechische Sprache hat einen musikalischen Akzent, d. h. die Silben werden durch Heben der Stimme betont; die deutsche Sprache hat einen dynamischen Akzent, d. h. die betonte Silbe wird besonders energisch artikuliert.

Um anzuzeigen, welche der drei letzten Silben betont wird, gibt es drei Akzente:

den Akut   den Gravis   den Zirkumflex

4.2.1. Akut und Gravis

Der Akut (Schrägstrich von rechts oben nach links unten) kann auf der letzten, der vorletzten oder der drittletzten Silbe stehen.

Beispiele:
letzte Silbe:

στρατηγός

der Heerführer

φυγή

die Flucht

ἀγορά

der Markt

ἀγοραστής

der Einkäufer, d. h. der Sklave, der auf die ἀγορά geschickt wurde

vorletzte Silbe:

ἀγορανόμος

der Marktmeister

δημηγόρος

der Volksredner

ἀναλογία

die Entsprechung

σιτίον

das Getreide

drittletzte Silbe:

τύραννος

der Tyrann

ἄγγελος

der Bote, ‹Engel›

Ἀλέξανδρος

Alexander

αἴνιγμα

das Rätsel

Zur Übung:
Lest die griechischen Wörter auf dieser Seite laut und achtet dabei auf die
Betonung.

Beim Gebrauch des Akut sind nun einige Regeln zu beachten:
1. Auf der drittletzten Silbe darf der Akut nur stehen, wenn die letzte Silbe kurz ist.
Beispiel:

τύραννος   τυράννῳ

im Dativ Singular (mit langer Endung):

ἄγγελος   ἀγγέλῳ

im Dativ Singular:

Ἀλέξανδρος   Ἀλεξάνδρῳ

im Dativ Singular:

2. Auf der letzten Silbe steht der Akut nur, wenn das Wort isoliert gebraucht wird oder wenn ein Satzzeichen folgt. Folgt dagegen ein weiteres Wort, wird der Akut in einen Gravis umgewandelt.

Der Gravis (Schrägstrich von links oben nach rechts unten) steht nur auf der letzten Silbe anstelle eines Akut, wenn ein weiteres Wort folgt.

ἀγορά   καί   ναός
Markt   und   Tempel

verbunden:

ἀγορὰ καὶ ναός

πατήρ   μήτηρ
Vater   Mutter

verbunden:

πατὴρ καὶ μήτηρ

πολλοί   ἀγαθοί
viele   die Guten

verbunden:

πολλοὶ καὶ ἀγαθοί

Zur Übung:
Schreibt die griechischen Wörter auf dieser Seite ab.

4.2.2. *Zirkumflex*

Akut und Gravis haben vor allem die Aufgabe, die Betonung für Silben mit
kurzen Vokalen anzugeben;
der Zirkumflex ^ (ursprünglich zusammengesetzt aus
    1 Akut ´ und 1 Gravis: `
    heute meist als Schlangenlinie ˜ geschrieben)
kennzeichnet die Betonung eines langen Vokals.
Der Zirkumflex kann deswegen nur auf der letzten oder vorletzten Silbe
stehen.

Beispiele:
letzte Silbe:

Σοφοκλῆς   κοινῆ
Sophokles   gemeinsam

Ἑρμῆς   νοῦς
Hermes   Sinn, Verstand

vorletzte Silbe:

ἀνδρεῖος   ἀρχεῖον
tapfer   Regierungsgebäude

γενναῖος   δῆμος
edel   Volk

πρᾶξις
Handlung

Auch beim Zirkumflex müssen wir eine einschränkende Regel beachten:
Auf der vorletzten Silbe kann der Zirkumflex nur stehen, wenn die letzte
Silbe kurz ist; sonst steht statt des Zirkumflex ein Akut.

Beispiele:

δῆμος   δήμῳ
im Dativ Singular:

γενναῖος   γενναίῳ
im Dativ Singular:

Übungen zum Akut und Gravis:

1. Schreibt die folgenden Wörter ab und bildet davon jeweils den Dativ
   Singular.
   (Achtet auf den Akzent!)

τραγῳδία	Tragödie	κατήγορος	Ankläger
κατηγορία	Anklage	ὁμιλία	Zusammenkunft
ἄριστος	der Beste	ἀριστοκρατία	Aristokratie, Adel
ἄνθρωπος	der Mensch	μισάνθρωπος	Menschenhasser
ἐπίσκοπος	Bischof	δάκτυλος	Finger

2. Verbindet die folgenden Wortpaare durch καί (= und)
   und schreibt sie auf.
   (Achtet wieder auf die Akzente!)

βαθύς	tief	βαρύς	schwer
καινός	neu	ὀρθός	richtig
ποιητής	Dichter	μιμητής	Darsteller
σπουδή	Eifer	χαρά	Freude
θεός	Gott	διάβολος	Teufel

Übungen zum Zirkumflex:

Schreibt die folgenden Wörter ab und bildet jeweils den Dativ Singular.
(Achtet auch hier wieder auf die Akzente!)

ψῆφος	Stimmstein	χῶρος	Ort
τελευταῖος	der letzte	ταῦρος	Stier
σφαῖρα	Kugel	σῖτος	Getreide, Brot
πῶλος	Fohlen	πλῆκτρον	Schlagstab
οἶκος	Haus	μητρῷος	mütterlich
πατρῷος	väterlich	κῶμος	Festzug
κοῦφος	leicht	κοῖλος	hohl
κλῆρος	Los, Erbgut	θρῆνος	Klagelied

ΤΡΑΓΩΙΔΙΑ
Σοφοκλῆς· Ἀντιγόνη
ΤΑ ΤΟΥ ΔΡΑΜΑΤΟΣ ΠΡΟΣΩΠΑ

ΑΝΤΙΓΟΝΗ	ΑΙΜΩΝ
ΙΣΜΗΝΗ	ΤΕΙΡΕΣΙΑΣ
ΧΟΡΟΣ ΘΗΒΑΙΩΝ ΓΕΡΟΝΤΩΝ	ΑΓΓΕΛΟΣ
Chor thebanischer Greise	Bote
ΚΡΕΩΝ	ΕΥΡΥΔΙΚΗ
ΦΥΛΑΞ	ΕΞΑΓΓΕΛΟΣ
Wächter	Zweiter Bote

Das Stück spielt in ΘΗΒΑΙ.

Als Πολυνείκης im Zweikampf mit seinem Bruder Ἐτεοκλῆς gefallen ist, läßt Κρέων durch einen Herold verkünden, daß Πολυνείκης, der Vaterlandsverräter, nicht bestattet werden dürfe. Tod droht dem, der das Verbot zu übertreten wagt. Ἀντιγόνη, die Schwester, versucht es, weil sie es für ein göttliches Gebot hält, als Schwester den Bruder zu bestatten. Unbemerkt von den Wächtern streut sie eine dünne Schicht Sand über den Leichnam und vollzieht so symbolisch die Bestattung.

Κρέων bedroht nun auch die Wächter mit dem Tod, wenn es ihnen nicht gelingt, den Täter zu stellen. Sie legen also den Leichnam wieder frei und warten.

Als Ἀντιγόνη ein zweites Mal kommt und über die schändliche Behandlung des Bruders klagt, verrät sie sich. Die Wächter ergreifen sie und schleppen sie vor Κρέων.

Dieser verurteilt sie zu dem angedrohten Tod und läßt sie lebend in ein Felsengrab einmauern. Aber nicht nur Ἀντιγόνη beklagen wir am Ende der Tragödie, Κρέων selbst trifft ein tragisches Los: Αἵμων, sein Sohn, der mit Ἀντιγόνη verlobt ist, stürzt sich aus Leid über das Schicksal seiner Braut ins Schwert, und Εὐρυδίκη, die Gemahlin des Κρέων, Mutter des Αἵμων, nimmt sich aus Gram das Leben.

Es gab in Griechenland einen Schauspieler, der alle anderen mit seinem Spiel und dem Wohllaut seiner Stimme weit übertraf. Sein Name war Πῶλος. Dieser Mann verlor seinen einzigen Sohn, den er sehr geliebt hatte. Lange Zeit konnte er nicht mehr auf die Bühne gehen, um mit seinem Spiel die Zuhörer zu erfreuen und zu erschüttern. Als er dann aber doch aus dem Zustand der Trauer und Lethargie wieder aufwachte und zu seinem Beruf zurückkehrte, fiel ihm die Rolle der Ἠλέκτρα in der Tragödie von Σοφοκλῆς zu. (Ihr wißt wohl, daß in der Antike *alle* Rollen, auch die Frauenrollen von Männern gespielt wurden.)

In dieser Tragödie kommt Ὀρέστης, der Bruder der Ἠλέκτρα, unerkannt in sein Vaterhaus. Er plant einen Anschlag, der nur gelingen kann, wenn er mit List vorgebracht wird. Deswegen trägt Ὀρέστης einen Aschenkrug mit den vermeintlichen Gebeinen des angeblich verstorbenen Bruders bei sich.

Es gibt dann in dem Stück eine Szene, wo Ἠλέκτρα mit dem Aschenkrug in den Händen heiße Tränen vergießt und den Tod (den vermeintlichen) des Bruders herzzerreißend beklagt.

Der Schauspieler Πῶλος nun, angetan mit dem Trauergewand der Ἠλέκτρα, hält den aus der Gruft entnommenen Krug mit der teuren Asche seines unvergessenen Sohnes in den Händen, drückt sie so, als ob es die des Ὀρέστης sei, an seine Brust, packt die Herzen aller Zuschauer mit der Schilderung seines Seelenschmerzes – aber nicht mit einer eingebildeten, erzwungenen Nachahmung, sondern durch die wahre, natürliche Betrübnis und die rührendste, herzzerreißende Wehklage.

Soweit der antike Bericht, wie er uns bei dem Schriftsteller Gellius überliefert ist. Ich aber weiß nicht und frage deswegen Euch: Soll man diesen Schauspieler bewundern, daß er sein privates Leid so konsequent in seine Kunst einzubeziehen vermochte, oder soll man ihn tadeln, weil er als Schauspieler nicht imstande war, die Zuschauer zu rühren, auch ohne dies letztlich doch wohl etwas geschmacklose Requisit?

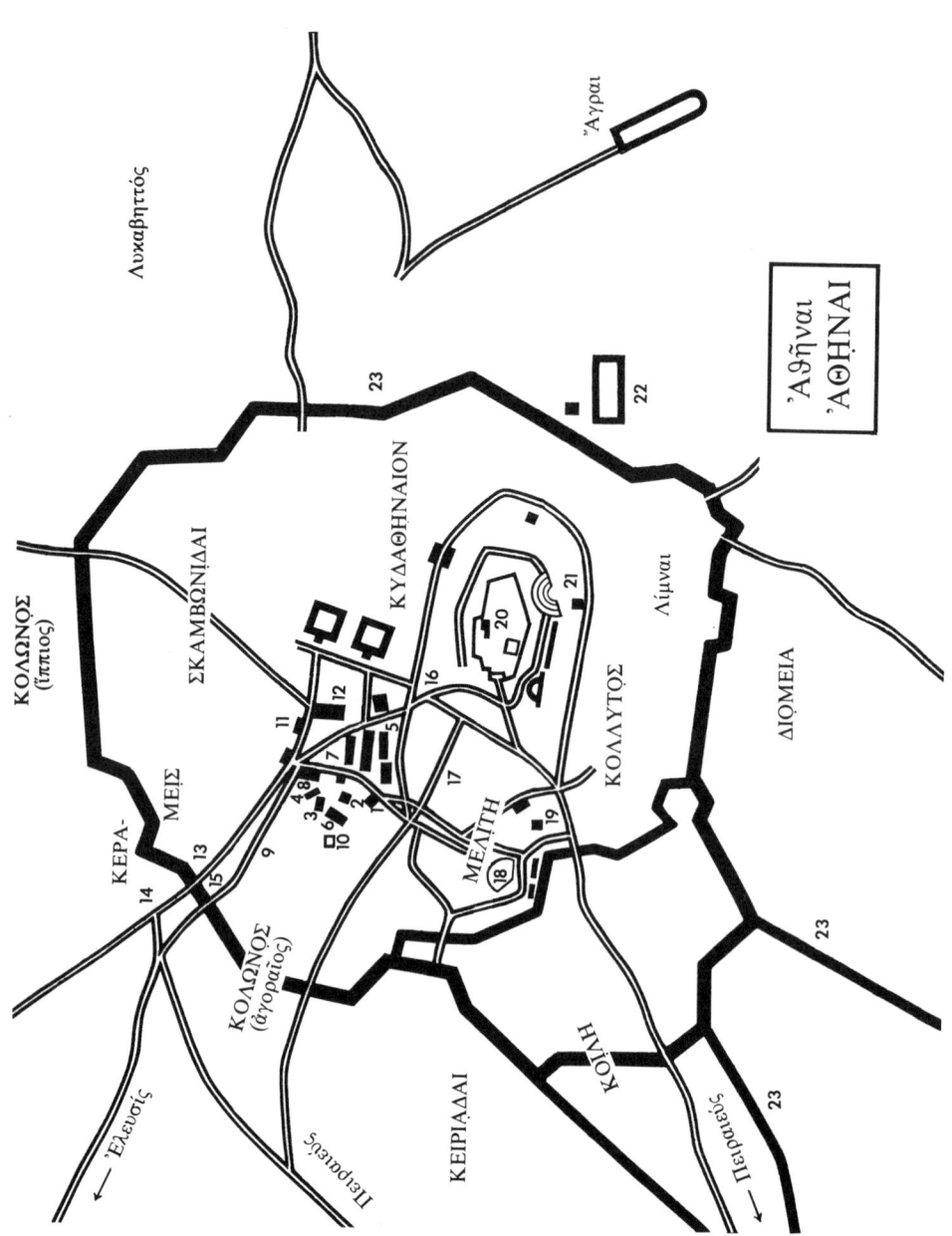

Erklärungen zum Stadtplan von Athen im 2. Jh. n. Chr.

In Majuskeln: Die Namen der Δῆμοι (Stadtbezirke)

1	Ἀγορά	Marktplatz
2	Θόλος	Rotunde, Speisesaal der Prytanen (Ratsherren)
3	Μητρῷον	Tempel der Kybele mit dem Staatsarchiv
4	Στοὰ Διός	Säulenhalle des Zeus
5	Στοὰ ποικίλη	die bunte, d. h. mit Gemälden geschmückte Säulenhalle, Treffpunkt der ersten Stoiker
6	Βουλευτήριον	Rathaus
7	Ναός	Heiligtum
8	Ἀπολλώνιον πατρῷον	Tempel des Schutzgottes Apoll
9	Ἀφροδίσιον οὐράνιον	Tempel der himmlischen Aphrodite
10	Θησεῖον	Tempel des Theseus
11	Στοὰ βασίλειος	Königshalle: Gerichtsgebäude
12	Στοὰ Ἀττάλου	Säulenhalle des Attalos
13	Δίπυλον	Haupt-Stadttor, Beginn der Straße zum Πειραιεύς
14	Πολυάνδριον	allgemeiner Begräbnisplatz
15	Πομπεῖον	Ort, wo die Gerätschaften für die Festaufzüge aufbewahrt wurden
16	Παναθηναικὴ ὁδός	Weg, auf dem der Festzug bei den Panathenäen zur Akropolis ging
17	Ἄρειος πάγος	Areopag, Hügel des Ares: Sitz des höchsten Gerichtshofes
18	Πνύξ	Platz für die Volksversammlung
19	Ἐννεάκρουνος	Springbrunnen; wörtlich: Neunquell
20	Ἀκρόπολις	Stadtburg
21	Θέατρον	Theater des Dionysos
22	Ὀλυμπιεῖον	Tempel des olympischen Gottes (Zeus)
23	Τείχη	Stadtmauern des Themistokles

4.2.3. *Wörter ohne Akzent*

Ich weiß schon, was Ihr denkt: Nun habt Ihr Euch mit den verschiedenen Akzenten und ihrem Gebrauch vertraut gemacht, und jetzt lernt Ihr, daß es längst nicht über jedem Wort einen Akzent gibt. Aber ganz so schlimm ist es nicht. Freilich gehen mehrere kleine Wörter mit dem jeweils folgenden Wort im Text eine so enge Verbindung ein, daß sie selbst keinen Akzent tragen. Sie sind so etwas Ähnliches wie eine Vorsilbe. Man nennt solche Wörter ohne Akzent Proklitika (d. h.: sich vorwärts, nämlich zum folgenden Wort neigende) und die grammatische Erscheinung Proklise. Die Grammatik gibt Euch Auskunft über die Wörter, die zur Proklise gehören. Wichtig sind fürs erste vier Formen des bestimmten Artikels: ὁ, ἡ, οἱ, αἱ. Alle anderen Formen des Artikels haben einen Akzent.
Die vollständige Tabelle des bestimmten Artikels im Griechischen:

	Maskulinum	Femininum	Neutrum
Singular: Nominativ	ὁ	ἡ	τό
	der	die	das
Genitiv	τοῦ	τῆς	τοῦ
	des	der	des
Dativ	τῷ	τῇ	τῷ
	dem	der	dem
Akkusativ	τόν	τήν	τό
	den	die	das
Plural: Nominativ	οἱ	αἱ	τά
		die	
Genitiv	τῶν	τῶν	τῶν
		deren	

Dativ

| τοῖς | ταῖς | τοῖς |

den

Akkusativ

| τούς | τάς | τά |

die

Euch fällt sicherlich auf, daß die vier akzentlosen Artikelformen auch als einzige mit einem Spiritus asper beginnen.

Beispiele:

ἡ χώρα
die Landschaft

ὁ ἰσθμός
die Landenge

τὸ ἀκρωτήριον
das Vorgebirge

ἡ ἑσπέρα
der Westen

ὁ ποταμός
der Fluß

τὸ ὄρος
das Gebirge

ὁ ὅρος
die Grenze

ἡ θάλαττα
das Meer

οἱ τόποι
die Gegend

ὁ πορθμός
die Meerenge

ἡ μεσόγεια
das Binnenland

ὁ ὠκεανός
der Ozean

τὸ κῦμα
die Woge

ἡ λίμνη
der See

ἡ νῆσος
die Insel

ὁ βορέας
der Norden, Nordwind

Zur Übung:
1. Lest die Beispiele laut (achtet dabei auf den Artikel und den Akzent).
2. Schreibt die Beispiele ab, geordnet nach Maskulinum, Femininum und Neutrum.

Βορέας – göttlich verehrter Nordwind

Dionysios, der Tyrann von Syrakus, stach als junger Mann mit 40 Schiffen, die mit Schwerbewaffneten bemannt waren, in See und wollte Θούριοι in Unteritalien einnehmen. Aber Βορέας stellte sich ihm entgegen, zerschmetterte die Schiffe und vernichtete die Seemacht. Deswegen opferten die Bewohner von Θούριοι dem Βορέᾳ und wählten den Wind zum Mitbürger, bauten ihm ein Haus und teilten ihm Land zu. Auch veranstalteten sie jährlich ein Fest zu seinen Ehren. Ebenso hielten die Athener τὸν Βορέαν für einen Beschützer und Wohltäter. (nach Claudius Aelianus)

Nun gibt es neben den akzentlosen Wörtern, die *vor* den eigentlich betonten Wörtern stehen, auch akzentlose Wörter, die danach folgen. Auch für diese gilt im Prinzip, was vorhin über die Proklitika gesagt worden ist: Sie gehen mit dem dazugehörigen Wort, in diesem Fall dem vorhergehenden, eine so enge Verbindung ein, daß sie in der Regel den Akzent verlieren.
Die kleinen tonlosen Wörter nennt man *Enklitika* (Einzahl: Enklitikon, d. h. das sich anlehnende Wort) und die grammatische Erscheinung *Enklise*.
Wenn wir hier über Enklitika gesondert sprechen, so deswegen, weil sie im Unterschied zu den Proklitika von Natur aus einen Akzent haben, meist geben sie ihn aber ab an das vorhergehende Wort. Dabei verschwindet er oft ganz, in besonderen Fällen behält das Enklitikon auch den Akzent. Die genauen Regeln erläutern die Grammatiken; ich begnüge mich damit, Euch die einzelnen Möglichkeiten vorzuführen:

1. Möglichkeit:

σοφῶν τις

irgendeiner der Weisen

2. Möglichkeit:

σοφός τις

irgendein Weiser

3. Möglichkeit:

ἄνθρωπός τις

irgendein Mensch

4. Möglichkeit:

Ἀθηναῖός τις

irgendein Athener

5. Möglichkeit:

λόγοι τινές

einige Wörter

Wir sehen uns diese Möglichkeiten einmal etwas genauer an:

1. Möglichkeit: Der Akzent des Enklitikons fällt weg, ohne daß das vorhergehende Wort davon berührt wird. Das ist ein sehr häufiger Fall.

2. Möglichkeit: Der Akut auf dem ersten Wort müßte eigentlich (nach der 2. Regel auf Seite 83: vor folgendem Wort) zu einem Gravis werden: σοφὸς . . .
Der Akzent des Enklitikons bewahrt aber den Akut. Hier sieht man deutlich, daß das Enklitikon wie eine weitere Silbe des Wortes behandelt wird.

3. Möglichkeit: Bei einem Wort mit Akut auf der drittletzten Silbe gibt das Enklitikon seinen Akzent als Akut auf der letzten Silbe ab.

4. Möglichkeit: Bei einem Wort mit Zirkumflex auf der vorletzten Silbe gibt das Enklitikon seinen Akzent als Akut auf der letzten Silbe ab.

5. Möglichkeit: Seht Euch dies Beispiel genau an, dies ist die einzige Möglichkeit, daß ein Enklitikon seinen Akzent behält. Voraussetzungen:
1. Beim ersten Wort steht der Akut auf der vorletzten Silbe.
2. Das Enklitikon ist ein zweisilbiges Wort (bei dem der Akzent dann immer als Akut auf der letzten Silbe liegt.)

τις, τι, habt Ihr schon gemerkt, ist ein enklitisches Wort.
Unterscheidet es von τίς (mit Akut!) in der Bedeutung: wer?
Also: τις, τι (irgendwer, irgendwas)
            τίς τί (wer? was?)

Beispiele:

ὁ ποιητής der Dichter	ποιητής τις
ἡ τραγῳδία die Tragödie	τραγῳδία τις
ἡ κωμῳδία die Komödie	κωμῳδία τις
τὸ ποίημα die Dichtung	ποίημά τι
αἱ φαντασίαι die Bilder der Phantasie	φαντασίαι τινές
τὸ ἐγκώμιον das Loblied	ἐγκώμιόν τι
ὁ συγγραφεύς der Geschichtsschreiber	συγγραφεύς τις
οἱ ῥήτορες der Redner	ῥήτορές τινες
ὁ φιλόσοφος der Philosoph	φιλόσοφός τις
ὁ ζωγράφος der Maler	ζωγράφος τις
ὁ ἀγαλματοποιός der Bildhauer	ἀγαλματοποιός τις
οἱ ἀρχιτέκτονες die Architekten	ἀρχιτέκτονές τινες

ὁ αὐλητής   αὐλητής τις

der Flötenspieler

ὁ μῖμος   μῖμός τις

der Schauspieler   irgendein Schauspieler

Zur Übung:
1. Lest die Beispiele.
2. Fügt zu den folgenden Substantiven ein τις (= irgendein, bzw. τι, τινές)
   hinzu (den bestimmten Artikel müßt Ihr dann natürlich weglassen):
   ἡ νύξ (die Nacht) – ὁ ὕπνος (der Schlaf) – τὸ ὄναρ (der Traum) – ὁ
   καιρός (der rechte Augenblick) – ἡ μεταβολή (die Wende) – ἡ τύχη (der
   Zufall) – αἱ βλάβαι (die Schadensfälle) – τὸ πρᾶγμα (die Handlung)

Ἀρίων war zu seiner Zeit der berühmteste Sänger. Lange lebte er bei Περίανδρος in Κόρινθος. Dann besuchte er Sizilien, und als er dort große Schätze erworben hatte, wollte er nach Korinth zurückkehren.

In Τάρας (Tarent in Unteritalien) bestieg er ein korinthisches Schiff, weil er glaubte, daß die Seeleute aus Korinth ihn am sichersten und zuverlässigsten in ihre Heimat zurückbringen könnten.

Aber er hatte sich in diesen Leuten getäuscht. Sie waren geldgierig und nahmen dem Dichter auf hoher See seine Schätze ab. Und um die Untat zu vertuschen, planten sie auch noch, ihn umzubringen.

Ἀρίων flehte um sein Leben, aber vergebens. In dieser verzweifelten Lage bat er die Räuber, sie möchten ihm erlauben, vor seinem Tode noch einmal den vollen Sängerschmuck anzulegen und zu singen. Die Seeleute hatten noch nie dem Gesang dieses berühmten Sängers gelauscht, und so überkam sie das Verlangen, ein Lied von ihm zu hören.

Nachdem nun Ἀρίων ein Lied – u. zw. in hohem Tone, wie uns berichtet wird – gesungen hatte, stürzte er sich selbst, geschmückt wie er war, ins Meer. Aber der hohe Ton muß einen Delphin angelockt haben, wenigstens war einer dieser gutmütigen Riesen in seiner Nähe und nahm ihn auf seinen Rücken. Und so erreichte der Sänger das Ufer, schneller und sicherer als die ruchlosen Seeleute in ihrem Schiff. Als Ἀρίων sich bei Περίανδρος beschwerte, wollte der gar nicht glauben, daß Bürger aus Κόρινθος zu einem so grausamen Verbrechen fähig wären. Aber eine Gegenüberstellung brachte die Wahrheit ans Licht.

(nach Herodot, Historien I, 24)

4.3. *Satzzeichen*

Mit dem einzelnen Wort haben die Zeichen, die wir jetzt besprechen wollen, natürlich nichts zu tun. Aber wenn Ihr Euch in griechischen Texten zurechtfinden wollt, müßt Ihr auch die Satzzeichen verstehen. Übrigens gilt auch hier wieder: Die meisten Zeichen kennt Ihr schon aus dem Deutschen und dem Lateinischen.

Zeichen	*Form*	*Griechischer Name*
a) Komma	Wie im Deutschen	ἡ ὑποστιγμή
b) Punkt	Wie im Deutschen	ἡ τελεία στιγμή
c) Fragezeichen	; (also wie unser Semikolon)	ἡ μέση στιγμή
d) Doppelpunkt	· (als Hochpunkt über der Zeile)	τὸ κῶλον
e) Anführungs- zeichen	Wie im Deutschen (wenn sie überhaupt stehen)	ἡ παραγραφή

λέγω	τίς λέγει;	τί λέγω;
Ich sage	wer sagt?	was sage ich?

γράφω	τίς γράφει;	τί γράφω;
ich schreibe	wer schreibt?	was schreibe ich?

ἐρωτῶ	τίς ἐρωτᾷ;	τί ἐρωτῶ;
ich frage	wer fragt?	wonach frage ich?

Beispiele:

a)

ἐρωτῶ · τί ὁ ποιητὴς λέγει;

ὁ ποιητής: der Dichter

b)

λέγει · ὁ ποιητὴς τραγῳδίαν γράφει.

τραγῳδία: die Tragödie

c)

γράφει · ὁ ποιητὴς ἐρωτᾷ ·

τίς τὴν ἀλήθειαν λέγει;

ἡ ἀλήθεια: die Wahrheit

Ο ΚΙΜΩΝΟΣ ΟΣΤΡΑΚΙΣΜΟΣ

Ὁ Κίμωνος ὀστρακισμός

Κίμων war lange mit Erfolg für eine Verständigung zwischen den beiden griechischen Großmächten Σπάρτη und Ἀθῆναι eingetreten. Als die Athener anfingen, sich von den Spartanern abzugrenzen, wurde Κίμων im Jahre 461 v. Chr. durch einen Ὀστρακισμός verbannt.

Τὸ ὄστρακον·

In Minuskeln:

Κίμων Μιλτιάδου

Übersetzung: Kimon, der Sohn des Miltiades

a)

Τίς ἐστιν Κίμων;

ἐστίν: (er, sie, es) ist – ein Enklitikon!

b)

Κίμων Ἀθηναῖός ἐστιν.

c)

Τί ἐστιν ὄστρακον;

ὄστρακον: Scherbe

d)

Ὁ ὀστρακισμός ἐστιν ζημία –

ὀστρακισμός: Abstimmung mit Hilfe von Scherben
ἡ ζημία: die Strafe

Κίμων φεύγει.

φεύγει: (er, sie) wird verbannt

Zur Übung:
1. Lest die griechischen Wörter auf dieser und der vorhergehenden Seite.
2. Übersetzt die griechischen Sätze auf Seite 97 und 98 ins Deutsche.

Ἀκρόπολις

(1) Τὰ προπύλαια   Architekt: Mnesikles. 437 v. Chr. begonnen, 431 v. Chr. Arbeiten eingestellt.

(2) Ναὸς τῆς Νίκης   Überarbeiteter Entwurf des Kallikrates. 427–424 v. Chr.

(3) Ἐρέχθειον   Der Entwurf stammt wahrscheinlich auch aus der Bauhütte des Kallikrates. Bauzeit 420–406 v. Chr. Erbaut auf dem Grund des alten Königspalastes.

(4) Παρθενών   Unter der Oberaufsicht des Phidias erbaut von Iktinos. 447–432 v. Chr. Das am meisten bewunderte Bauwerk der griechischen Welt mit kostbarstem Skulpturenschmuck von Phidias.

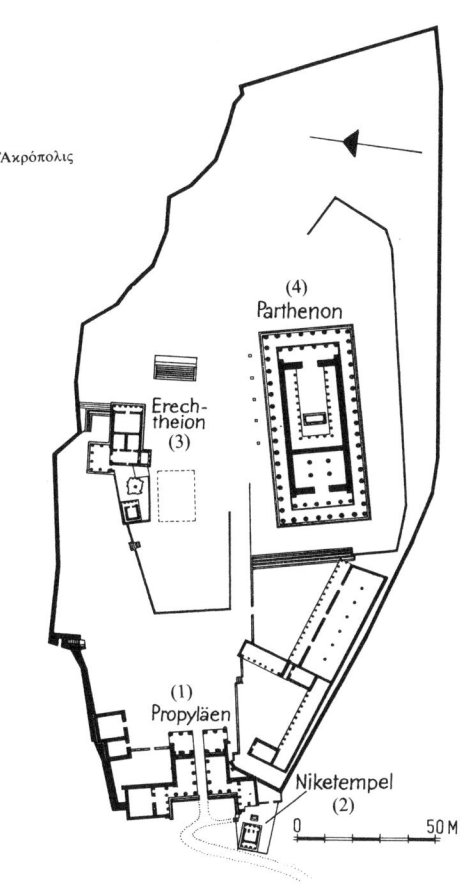

Ἀκρόπολις

(4) Parthenon

Erech-theion (3)

(1) Propyläen

Niketempel (2)

0   50 M

5. Die Reihenfolge der Buchstaben

Nun habt Ihr alle griechischen Buchstaben kennengelernt, jetzt solltet Ihr sie auch lernen. Beim Lernen empfiehlt es sich, die einmal – vor sehr langer Zeit – festgelegte Reihenfolge beizubehalten; ihr folgen natürlich auch alle alphabetischen griechischen Wörterbücher.

Diese Reihenfolge hat mit der Systematik, die wir weiter oben untersucht haben, nichts zu tun. Ihr fragt, woher wir sie dann kennen und warum ich so sicher bin, daß diese und nur diese Reihenfolge die richtige ist?

Ganz einfach: Die Buchstaben hatten in der Antike auch einen Zahlenwert:

$\alpha' = 1$	$\varkappa' = 20$	$\sigma' = 200$
$\beta' = 2$	$\lambda' = 30$	$\tau' = 300$
$\gamma' = 3$	$\mu' = 40$	$\upsilon' = 400$
$\delta' = 4$	$\nu' = 50$	$\varphi' = 500$
$\varepsilon' = 5$	$\xi' = 60$	$\chi' = 600$
$\varsigma' = 6$	$o' = 70$	$\psi' = 700$
$\zeta' = 7$	$\pi' = 80$	$\omega' = 800$
$\eta' = 8$	$\varrho' = 90$	$\text{ϡ}' = 900$
$\vartheta' = 9$	$\rho' = 100$	$\iota\alpha = 1000$
$\iota' = 10$		

Der Strich rechts oben hinter dem Buchstaben darf Euch nicht verwirren; er soll nur die Zahl vom einfachen Buchstaben unterscheiden; der Strich links unten vor dem Zeichen bedeutet 1000 oder ein Vielfaches.

Zur Übung:
Entziffert die folgenden Zahlen und löst die Rechenaufgaben:

1. ͵α ϡ π ε′

2. σ ο ε′ + τ ν ϛ′   3. φ ο β′ + υ ξ ε′

4. ι β′ · ι β′   5. τ λ γ′ · γ′

Beim Lösen der Übungsaufgaben hat sich Euch sicherlich bestätigt, was schon der Blick in die Liste vermuten läßt: Die Griechen rechneten schon nach dem Dezimalsystem. Seltsamerweise hatten sie aber kein Zeichen für Null.

Damit sind allerdings noch nicht alle Geheimnisse dieser Übersicht entschlüsselt. Denn mit Recht fragt Ihr, welche Zeichen da für 6, 90 und 900 verwendet werden.

Es liegt auf der Hand, daß die 24 Buchstaben für die 27 Zeichen der Zahlen von 1–9, 10–90, 100–900 nicht ausreichen. Aber wenn das so ist, warum stehen dann diese Zeichen gerade für diese Zahlenwerte (6/90/900) und nicht – sagen wir einmal – für 700, 800 und 900, damit den Abschluß der Grundzahlen bildend.

Dies Problem können wir erst lösen, wenn wir einen Schritt in die Geschichte zurückgehen. Die Griechen haben nämlich ihr Alphabet nicht erfunden, sondern von den Phöniziern übernommen und ihrer eigenen Sprache angepaßt. Das wußte z. B. Herodot noch, als er schrieb:

> Die Ioner übernahmen die Buchstaben von den Phoinikern, bildeten sie auch ihrerseits ein wenig um und nannten sie Phoinikeia, was recht und billig war, denn die Phoiniker hatten sie ja in Hellas eingeführt. (Historien V, 58)

Wir müssen also vergleichen, was die Griechen von den Phöniziern gelernt haben.

5.1. Im Phönizischen und Griechischen

Die Tabelle soll uns einen Überblick verschaffen:

Phönizisch				Griechisch	
Zeichen		Name	Laut-wert	Zeichen	Name
𐤀		Aleph		A α	ἄλφα
	𐤁	Beth	b	B β	βῆτα
𐤂		Gimel	g	Γ γ	γάμμα
	𐤃	Daleth	d	Δ δ	δέλτα
𐤄		He	e	E ε	ἒ ψιλόν
	𐤅	Waw	w		
Ι		Zajin	z	Z ζ	ζῆτα
	𐤇	Heth	h	H η	ἦτα
⊕		Teth	th	Θ ϑ	ϑῆτα
	𐤉	Jodh	j	I ι	ἰῶτα
𐤊		Kaph	k	K ϰ	ϰάππα
	V	Lamedh	l	Λ λ	λάμβδα
𐤌		Mem	m	M μ	μῦ
	𐤍	Nun	n	N ν	νῦ
‡		Samekh	s	Ξ ξ	ξῖ
0				O ο	ὂ μιϰρόν
𐤐		Pe	p	Π π	πῖ
	𐤑	Sadhe	s		
φ		Qoph	q	q	ϰόππα
	𐤓	Reš	r	P ρ	ῥῶ
𐤔		Šin	š	Σ σ	σῖγμα
	+	Taw	t	T τ	ταῦ
𐤅		Waw	w	Y υ	ὒ ψιλόν
				Φ φ	φῖ
				X χ	χῖ
				Ψ ψ	ψῖ
				Ω ω	ὠ μέγα

Bei der Durchsicht dieser Tabelle sind Euch sicherlich mehrere Dinge aufgefallen:
Die Reihenfolge und die Namen der Buchstaben im phönizischen und im
griechischen Alphabet stimmen weitgehend überein. Das ist zunächst das
Wichtigste. Auf dieser nahen Verwandtschaft zwischen den beiden Alphabeten, die sich daraus zwingend ergibt, beruhen alle Schlußfolgerungen, die
wir noch anstellen können.

Vor diesem Hintergrund um so erstaunlicher: Die Form der Buchstaben weicht in den beiden Alphabeten manchmal beträchtlich voneinander ab. In Wahrheit ist das aber gar nicht so erstaunlich. Denn die griechischen Buchstaben, wie wir sie lernen, haben sich erst im Laufe vieler Jahrhunderte so herausgebildet. Zunächst gab es in den verschiedenen griechischen Landschaften (von Ost nach West: in Kleinasien, auf den Inseln der Ägäis, auf dem Festland, in Sizilien und Süditalien) eine Reihe von Sonderalphabeten. (Wie ja auch praktisch jede dieser Landschaften ihren eigenen Dialekt hat.) Und in diesen Sonderalphabeten finden wir z. T. genau die gleichen Buchstaben wie im phönizischen Alphabet, und wir finden mannigfache Zwischenstufen, die zu den heutigen, normierten Zeichen des griechischen Alphabets führen.

Als Beispiel sei hier nur erwähnt: Das Zeichen X konnte in dem einen Dialekt als ks gesprochen werden, in dem anderen aber als kh. Dabei liegt es nahe, daß die Römer das Zeichen X von den Griechen gelernt haben, die es ks aussprachen.

Bei einigen Buchstaben, vor allem den Äquivalenten für Kappa und Rho, fällt noch etwas anderes auf: Die griechischen Buchstaben sind die Spiegelbilder der phönizischen. Das verweist auf ein anderes wichtiges Faktum: Die Phönizier haben von rechts nach links gelesen; wir sagen, ihre Schrift war linksläufig. Genau die gleiche Linksläufigkeit finden wir noch in den ältesten griechischen Schriftdenkmälern vor.

Wenn wir uns nun aber schon um einzelne Buchstaben kümmern, dann wird es Zeit, daß wir näher eingehen auf das Schriftzeichen, das im phönizischen Alphabet an 6. Stelle steht. (Ihr erinnert Euch, von dem merkwürdigen griechischen Zeichen für den Zahlwert 6 ist diese ganze Untersuchung ausgelöst worden.)

Den Lautwert, für den das Zeichen steht, hat es auch im frühen Griechisch noch gegeben. Er entspricht etwa dem englischen W in ‹water›. Die Griechen verwendeten dafür aber ein anderes Zeichen, das diese Gestalt hatte: F Nach dem Aussehen hat man das Zeichen ‹Digamma› getauft (also: Doppelgamma), obwohl es vom Lautwert her überhaupt nichts mit einem Gamma zu tun hat. Aber die Griechen sprachen bald diesen Laut nicht mehr mit, und so verschwand auch das Zeichen.

Zwischen Pi und Rho stehen zwei Zeichen, die sich im Alphabet nicht gehalten haben: ein s-Laut und ein k-Laut. Der s-Buchstabe wurde aber als Zahlzeichen für 900 übernommen, heute nennen wir ihn Sampi. Der k-Laut hielt sich als Zahlzeichen für 90, damit die Reihenfolge Pi (= 80), Qoppa (= 90) und Rho (= 100) wahrend. Als Buchstabe wurde seine Funktion um so leichter vom Kappa übernommen, als dies Qoppa ohnehin nur vor o und u stehen konnte.

Aufschlußreich für die eigentliche Leistung der Griechen bei der Schöpfung ihres Alphabets ist noch eine andere Beobachtung: Das phönizische Alphabet ist ein reines Konsonantenalphabet. Im griechischen Alphabet gibt es zum ersten Mal auch Zeichen für Vokale – man sieht daran schon, wie wichtig die Vokale für die griechische Sprache sind. Interessant zu sehen, wie sie zu den Zeichen für die Vokale kommen: Die Vorlagen für Alpha und Omikron waren Spiritus (also Hauchzeichen); Epsilon, Eta, Iota und Ypsilon gehen auf Konsonanten zurück, die es in der griechischen Sprache nicht gibt. Das Omega ist (wie die drei vorhergehenden Buchstaben Phi, Psi und Chi, für die es auch keine Vorlagen gibt) eine ganz späte und freie Erfindung aus den Bedürfnissen der griechischen Sprache heraus. Diese Buchstaben stehen deswegen mit Recht am Ende des ganzen Alphabets.

Zur Übung:
1. Lernt: α – β – γ – δ – ε – ζ – η – ϑ – ι – ϰ – λ – μ
2. Schreibt das Alphabet von α bis μ in Minuskeln und Majuskeln auswendig auf.

5.2. Im Griechischen, Lateinischen und Russischen

Mit der Erfindung der Zeichen für Vokale gab es – man darf wohl sagen: zum ersten Mal für die Menschheit – ein vollständiges Alphabet. Kein Wunder, daß diese Leistung dann zum Vorbild wird.

Vorbild wird das griechische Alphabet für die Römer und durch sie für uns selbst; Vorbild wird es auch in einer ganz anderen Weise für das kyrillische Alphabet, das die Russen auch heute noch benutzen.

Die Verwandtschaft dieser verschiedenen Alphabete will ich Euch auch wieder mit Hilfe einer Tabelle klarmachen. Wir müssen dabei wieder auf Sonderalphabete und Zwischenstufen verzichten. Wir gehen praktisch in jedem Fall von der normierten Endstufe aus und setzen die einzelnen Elemente miteinander in Beziehung.

Dabei wird manches unerklärt bleiben. Daß z. B. das Zeichen für den griechischen Laut kh im Lateinischen ks gesprochen wird, haben wir oben schon mit Hinweis auf verschiedene Dialektalphabete begründet. Hier sei nur noch auf eine zweite merkwürdige Entwicklung hingewiesen: Das Zeichen P steht im Griechischen für den r-Laut, im Lateinischen (und dann auch bei uns) für den p-Laut. Das müßt Ihr Euch so erklären: Ursprünglich hatte das Zeichen für den p-Laut zwei parallele, gleichlange Balken. So habt Ihr den Buchstaben gelernt. Dann wurde aber der rechte, der zweite Balken kürzer und gebogen und gewann also allmählich die Form, die Ihr aus unserem Alphabet kennt. Um nun dieses p-Zeichen von dem r-Zeichen zu unterscheiden, gaben die Römer dem r-Zeichen einen Abstrich nach rechts unten dazu: R.

Wenn also auch manche Einzelheit noch rätselhaft bleiben sollte, so könnt Ihr doch aus der Tabelle die Verwandtschaft der großen Alphabete deutlich herauslesen.

Zur Übung:
1. Lernt: ν – ξ – ο – π – ρ – σ – τ – υ – φ – χ – ψ – ω
2. Schreibt das Alphabet von ν bis ω in Minuskeln und Majuskeln auswendig auf.

Griechisch			Lateinisch		Russisch	Lautwert
A	α	Ἄλφα	A	a	A	a
B	β	Βῆτα	B	b	В	w
Γ	γ	Γάμμα	C	c	Г	g
Δ	δ	Δέλτα	D	d	Д	d
E	ε	Ἔ ψιλόν	E	e	E	je
Z	ζ	Ζῆτα	Z	z	З	z
H	η	Ἦτα	H	h	И	i
Θ	ϑ	Θῆτα	–	–	–	
I	ι	Ἰῶτα	I	i	I	i
K	κ	Κάππα	K	k	К	k
Λ	λ	Λάμβδα	L	l	Л	l
M	μ	Μῦ	M	m	М	m
N	ν	Νῦ	N	n	Н	n
Ξ	ξ	Ξῖ	–	–	–	
O	o	Ὀ μικρόν	O	o	О	o
Π	π	Πῖ	P	p	П	p
P	ρ	Ῥῶ	R	r	Р	r
Σ	σ, ς	Σῖγμα	S	s	С	s
T	τ	Ταῦ	T t	T		t
Y	υ	Ὓ ψιλόν	Y	y	У	u
Φ	φ	Φῖ	–	–	Ф	f
X	χ	Χῖ	X	x (= ks)	Х	ch
Ψ	ψ	Ψῖ	–	–	–	
Ω	ω	Ὦ μέγα	–	–	–	

Zur Übung:
Schreibt das ganze griechische Alphabet aus dem Kopf auf.

Τὸ Δωρικὸν γένος κιόνων
(Dorische Säulenordnung)

1 Ἀκρωτήριον (Giebelverzierung)
2 Σιμά (Rinnleiste)
3 Γεῖσον (Kranzgesims)
4 Τύμπανον (Giebelfeld)
5 Μετόπη (Metope)
6 Τρίγλυφος (Dreischlitz)
7 Ἐπιστύλιον (Architrav)
8 Κίων (Säule)

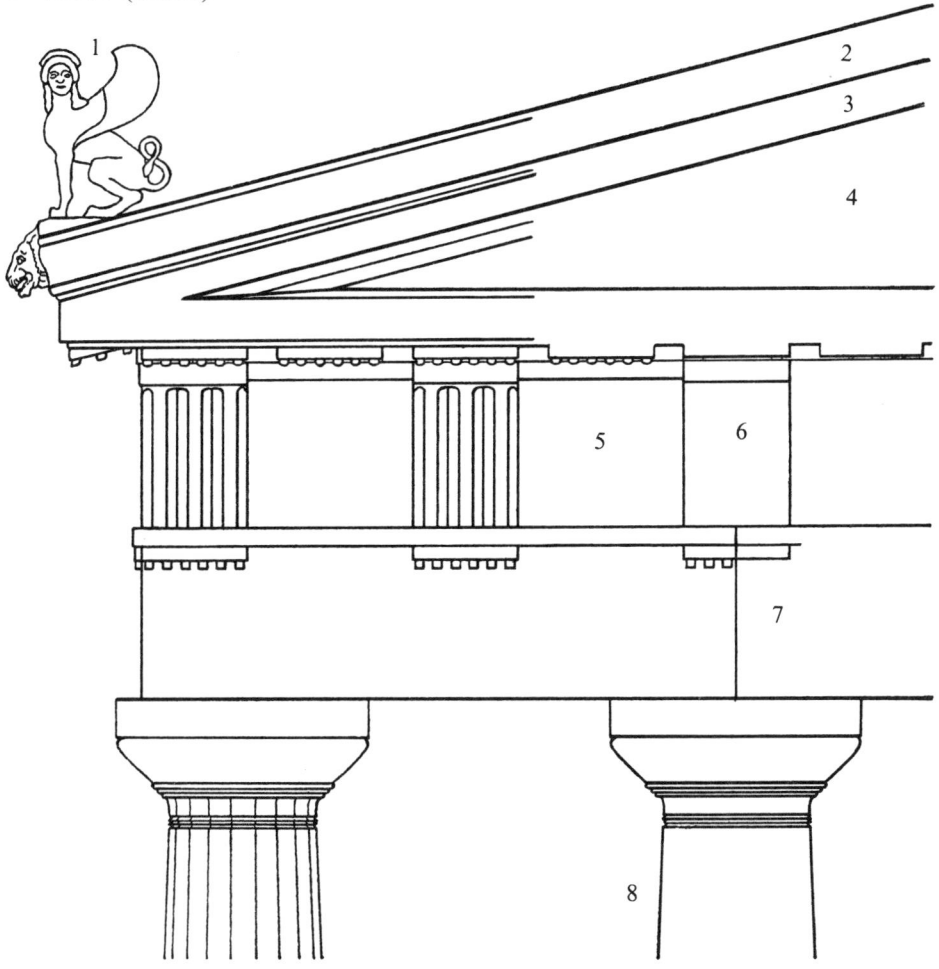

6. Lesestücke

Ihr fühlt Euch jetzt sicherlich schon recht heimisch in der griechischen Schrift. Dann ist der Augenblick gekommen, wo Ihr anfangen solltet, griechische Texte zu lesen.

Nun ist es ja leider wahr, daß das Verständnis griechischer Texte nicht nur durch das von dem unsrigen abweichende Alphabet erschwert wird; Grammatikkenntnisse und Vokabeln gehören auch noch dazu – wie bei jeder Sprache. Wenn Ihr das recht bedenkt, werdet Ihr hier natürlich noch keine Originaltexte erwarten dürfen. Vielmehr werde ich Euch Wortlisten zusammenstellen, an denen Ihr Euch weiter im Lesen üben könnt.

Freilich ist es auch nicht meine Absicht, Euch gleich die Tiefe, den Reichtum und die Vielseitigkeit der griechischen Literatur vorzuführen. Meine kleinen Wortlisten haben genau das entgegengesetzte Ziel: Ihr sollt eine Ahnung davon bekommen, wie viele griechische Wörter noch heute in unserer Sprache fortleben. Das ist deswegen so wichtig, weil mit den Wörtern auch die Denkweisen und Erfahrungen der Griechen weiterleben – sicherlich oft verändert und verwandelt, aber ohne den Anstoß der Griechen wären viele Einsichten und Erkenntnisse kaum möglich.

Weil es mir also auf das Fortleben der griechischen Antike in unserer Zeit ankommt, gehen die kleinen Lesestücke – wie ich die Zusammenstellung der Wortlisten vielleicht etwas sehr kühn nenne – von modernen Begriffen aus und zeigen, auf welche griechischen Wörter sie zurückgehen.

6.1. *Heilkunde, Medizin*

Arzt: ὁ ἰατρός – ὁ ἀρχίατρος (Ober-, Leibarzt)
ἰατρεύω (ich bin Arzt)

Dermatologe: τὸ δέρμα (Haut) – δερμάτινος (ledern)
δέρω (ich häute) – ἡ ἐπιδερμίς (Oberhaut)

Gynäkologe: ἡ γυνή (Frau) – γυναικεῖος (weiblich)

Chirurg: ὁ χειρουργός (Handarbeiter) – ἡ χείρ (Hand)
τὸ ἔργον (Arbeit) – ἡ χειρουργία (Handarbeit)

Physiologie: ὁ φυσιολόγος (Naturforscher) – ἡ φύσις (Natur)
ὁ λόγος (Wort, Lehre) – φύω (ich erzeuge)

Psychiater: ἡ ψυχή (Seele) – ὁ ἰατρός

Fachrichtungen:

Anatomie: ἡ ἀνατομή (das Zerschneiden)
ἀνατέμνω (ich schneide auf)
τέμνω (ich schneide)

Osteologie: ἡ ὀστεολογία (Lehre von den Knochen)
τὸ ὀστέον (Knochen)

Morphologie: ἡ μορφή (Gestalt)

Psychologie: ἡ ψυχή

Krankheiten:

Gastritis: ἡ γαστήρ (Bauch)

Asthma: τὸ ἆσθμα (Atemnot)
ἀσθμαίνω (ich hole schwer Atem)

Arteriosklerose: ἡ ἀρτηρία (Schlag-, Pulsader)
σκληρός (hart, trocken)

Rheuma: τὸ ῥεῦμα (das Fließen)
ῥέω (ich fließe) – ἡ ῥοή (Flut)

Katarrh: ὁ κατάρροος (das Herabfließen)
καταρρεῖ (es fließt herab)

Pneumonie: ἡ πνευμονία (Lungenkrankheit)
ὁ πνεύμων (die Lunge)
τὸ πνεῦμα (Hauch) – πνέω (ich atme)

Leukämie: λευκός (weiß) – τὸ αἷμα (Blut)

Sepsis: ἡ σῆψις (Fäulnis) – σήπω (mache faulen)

Epidemie: ἡ ἐπιδημία (Aufenthalt)
ἐπιδημέω (ich halte mich auf)
ὁ δῆμος (Volk)

Epilepsie:	ἡ ἐπιληψία (fallende Sucht)
	ἐπιλαμβάνω (ich ergreife)
Neuralgie:	τὸ ἄλγος (Schmerz, Leid)
	ἀλγέω (ich leide Schmerz)
	ἀλγύνω (ich bereite Schmerz)
	ἀλγεινός (schmerzhaft)
	τὸ νεῦρον (Sehne)
Neuritis:	τὸ νεῦρον
Agoraphobie:	ἡ ἀγορά (Markt)
	ὁ φόβος (Furcht)
	φοβέομαι (ich fürchte mich)
Kleptomanie:	κλέπτω (ich stehle)
	ἡ μανία (Raserei, Wahnsinn)
Melancholie:	ἡ μελαγχολία (Gallsucht)
	μέλας (schwarz) – ὁ χόλος (Galle)

Diagnose und Therapie:

Diagnose:	ἡ διάγνωσις (Unterscheidung, Entscheidung)
	διαγιγνώσκω (ich lerne genau kennen)
Symptom:	τὸ σύμπτωμα (Zufall)
	πίπτω (ich falle)
Kardiogramm:	ἡ καρδία (Herz)
	τὸ γράμμα (Buchstabe, Schrift)
	γράφω (ich schreibe, male)
Therapie:	ἡ θεραπεία (Pflege, Heilung)
	θεραπεύω (ich diene)
Hygiene:	ὑγιεινός (gesund, heilsam)
	ἡ ὑγίεια (Gesundheit)
	ὑγιαίνω (ich bin gesund)
Diät:	ἡ δίαιτα (Lebensweise)
	διαιτάομαι (ich halte mich auf, lebe)
Dosis:	ἡ δόσις (Gabe)
	δίδωμι (ich gebe)
Hypnose:	ὁ ὕπνος (Schlaf)
	ὑπνόω (ich schlafe)
	ὑπνωτικός (einschläfernd)

Prothese:	ἡ πρόθεσις (Vorsatz)
	ἡ θέσις (Setzung)
	τίθημι (ich setze) – πρό (vor)
Endoprothese:	ἔνδον (drinnen)
Pharmazie:	ἡ φαρμακεία (Anwendung von Arznei, Zauber-
	mittel oder Gift)
	τό φάρμακον (Heilmittel, Zaubermittel, Gift)

6.2. Mathematik, Technik, Naturwissenschaften

Mathematik:	μαθηματικός (zum Lernen gehörig)
	ἡ μαθηματική – τό μάθημα (Lehre)
	ὁ μαθητής (Schüler) – μανθάνω (ich lerne)
Arithmetik:	ὁ ἀριθμός (Zahl) – ἀριθμέω (ich zähle)
	ἀριθμητικός (zum Rechnen geschickt)
Geometrie:	ἡ γεωμετρία
	ἡ γῆ (Erde) – τό μέτρον (Maß)
Trigonometrie:	τό τρίγωνον (Dreieck)
	τρίς (dreimal) – ἡ γωνία (Winkel)
Kathete:	ἡ κάθετος γραμμή (die senkrechte Linie)
Hypotenuse:	ἡ ὑποτείνουσα πλευρά (die sich unten erstrek-
	kende Seite des rechtwinkligen Dreiecks)
Symmetrie:	ἡ συμμετρία
Trapez:	ἡ τράπεζα (Tisch)
Basis:	ἡ βάσις (Grundlage, -linie)

Technik:	ἡ τέχνη (Geschicklichkeit, Kunstfertigkeit)
	τεχνικός (kunstgemäß, kunstverständig, sach-
	verständig)
Kybernetik:	κυβερνητικός (zum Steuern geschickt)
	ὁ κυβερνήτης (Steuermann)

Physik:	ἡ θεωρία φυσική (Erforschung der Natur)
	ἡ θεωρία (Betrachtung) – ἡ φύσις (Natur)
Photographie:	τό φῶς (Licht)
	γράφω (ich schreibe, male)
Stereophonie:	στερεός (fest, starr)
	ἡ φωνή (Klang, Stimme)
Tachometer:	τό τάχος (Schnelligkeit)
	τό μέτρον
Barometer:	τό βάρος (Schwere)
Barograph:	τό βάρος – γράφω

Isobare:	ἰσοβαρής (gleich schwer)
	ἴσος (gleich) – βαρύς (schwer)
Megaphon:	μέγας (groß) – ἡ φωνή (Stimme)
Mikrophon:	μικρός (klein) – ἡ φωνή
Mikroskop:	μικρός – σκοπέω (ich beobachte)
Seismograph:	ὁ σεισμός (Erschütterung, Erdbeben)
	σείω (ich erschüttere) – γράφω
Telephon:	τῆλε (fern, weit) – ἡ φωνή
Hygrometer:	ὑγρός (naß)
	ἡ ὑγρότης (Nässe) – τὸ μέτρον

Chemie:

ἡ χυμεία (Vermischung, Vermengung)

Atom:	ἄτομος (unteilbar) – τέμνω (ich schneide)
Ozon:	ὄζω (ich rieche) – ἡ ὀδμή (Geruch)
Metall:	τὸ μέταλλον (Bergwerk)
Asbest:	ἄσβεστος (unauslöschlich)
	σβέννυμι (ich lösche aus)
Jod:	ἰοειδής (wie Veilchen aussehend: dunkelblau)
	τὸ ἴον (Veilchen) – τὸ εἶδος (Aussehen)
Phosphor:	φωσφόρος (lichtbringend)
	τὸ φῶς (Licht) – φέρω (ich bringe)
Chrom:	τὸ χρῶμα (Oberfläche: Haut, Farbe)
	ὁ χρώς (Haut, Farbe)

Biologie:

	βιολογέω (ich schildere nach dem Leben)
	ὁ βίος (Leben)
Ornithologe:	οἱ ὄρνιθες (die Vögel)
Entomologe:	ἔντομος (eingeschnitten)
	τέμνω (ich schneide)
	τὰ ἔντομα (die Insekten)
Anemone:	ἡ ἀνεμώνη – ὁ ἄνεμος (Wind)
Rhododendron:	τὸ ῥοδόδενδρον
	τὸ ῥόδον (Rose)
	τὸ δένδρον (Baum)
Bakterien:	ἡ βακτηρία (Stab)
Sperma:	τὸ σπέρμα
	σπείρω (ich säe)
	σποράς (verstreut)

Chlorophyll:	χλωρός (grüngelb)
	τὸ φύλλον (Blatt)
Rhinozeros:	ὁ ῥινόκερως
	ἡ ῥίς (Nase)
	τὸ κέρας (Horn)
Parasit:	ὁ παράσιτος
	παρά (neben) – ὁ σῖτος (Speise)
Zoo:	τὸ ζῷον (Lebewesen, Tier)
	ἡ ζωή (das Leben)

6.3. *Philosophie*

Philosophie:

Philosophie:	ὁ φιλόσοφος (Freund der Weisheit)
	ἡ φιλοσοφία (Liebe zur Wissenschaft)
	ὁ φίλος (Freund) – σοφός (weise)
Sophist:	ὁ σοφιστής (Gelehrter, Lehrer der Lebensweisheit)
	τὸ σόφισμα (List, Kunstgriff)
Zyniker:	κυνικός
	ὁ κύων (Hund)

Gebiete der Philosophie:

Ästhetik:	ἡ αἴσθησις (Wahrnehmung)
	αἰσθάνομαι (ich nehme wahr)
Ethik:	ἠθικός (den Charakter betr.) – τὸ ἦθος
	Ἠθικοὶ χαρακτῆρες (Titel von Theophrasts Schrift; deutsch: Charaktere)
Hermeneutik:	ἡ ἑρμηνευτικὴ τέχνη (Auslegekunst)
	ἑρμηνεύω (ich erkläre, verdolmetsche)
	ὁ ἑρμηνεύς (Dolmetscher)
Theorie:	ἡ θεωρία (Festschau, Betrachtung)
	ὁ θεωρός (Zuschauer)
	θεωρέω (ich bin Zuschauer, betrachte)
Kritik:	κριτικός (zum Urteilen oder Richten fähig)
	ὁ κριτής (Richter) – κρίνω (ich scheide)
Logik:	λογικός (vernünftig)
	ὁ λόγος (Wort, Lehre, Vernunft)

Philosophische Begriffe:

| Analogie: | ἡ ἀναλογία (das richtige Verhältnis, Übereinstimmung) |
| | ἀνάλογος (entsprechend) |

Homologie:	ἡ ὁμολογία (Übereinstimmung)
	ὁμοῖος (gleichartig)
Anomalie:	ἡ ἀνωμαλία (Ungleichheit)
	ὁμαλός (gleich, eben)
Monade:	ἡ μονάς – μόνος (allein)
Idee:	ἡ ἰδέα (Urbild)
	τὸ εἴδωλον (Schattenbild)

Philosophische Methoden:

Analyse:	ἡ ἀνάλυσις (Auflösung)
	ἀναλύω (ich löse auf)
Skepsis:	ἡ σκέψις (Betrachtung, Überlegung)
	σκέπτομαι (ich überlege)
	σκεπτικός (zum Überlegen geschickt)
Axiom:	τὸ ἀξίωμα (Würde, Verlangen)
	ἀξιόω (ich fordere, bitte)
Problem:	τὸ πρόβλημα (Aufgabe, Streitfrage)
	προβάλλω (ich werfe vor)
Dogma:	τὸ δόγμα (Beschluß, Meinung)
These:	ἡ θέσις (Aufstellung, Satz)
	τίθημι (ich setze, stelle, lege)
Thema:	τὸ θέμα (Satz) – τίθημι
Metathese:	ἡ μετάθεσις (Umsetzung, Änderung)
Synthese:	ἡ σύνθεσις (Zusammensetzung)
Hypothese:	ἡ ὑπόθεσις (Grundlage, Voraussetzung)
Wahrheit:	ἡ ἀλήθεια (das Unverhüllte)

6.4. *Sprache*

Grammatik:

	τέχνη γραμματική
	τὸ γράμμα (Buchstabe, Schrift)
	ὁ γραμματεύς (Schreiber)
Syntax:	ἡ σύνταξις (Anordnung, Wortfügung)
	συντάττω (ich ordne an)
Semantik:	σημαντικός (bezeichnend, bedeutend)
	σημαίνω (ich gebe ein Zeichen)
	τὸ σῆμα (Zeichen)
Dialekt:	ἡ διάλεκτος (Unterredung, Mundart)
	διαλέγομαι (ich unterrede mich)
	ἡ διαλεκτική (Disputierkunst)

Silbe:	ἡ συλλαβή (das Zusammengefaßte)
	συλλαμβάνω (ich fasse zusammen)
Monophthong:	μονόφθογγος (eintönig)
	ὁ φθόγγος (Laut)

Grammatische Begriffe:

Nomen:	τὸ ὄνομα (der Name)
Artikel:	τὸ ἄρθρον (das Gelenk)
Pronomen:	ἡ ἀντωνυμία (das Wort anstelle eines Namens)
Präposition:	ἡ πρόθεσις
Verb:	τὸ ῥῆμα
Adverb:	τὸ ἐπίρρημα

Rhetorische Begriffe:

Rhetor:	ὁ ῥήτωρ
Rhetorik:	ἡ ῥητορική
Metapher:	ἡ μεταφορά
Hyperbel:	ἡ ὑπερβολή
These:	ἡ θέσις
Hypothese:	ἡ ὑπόθεσις
Apologie:	ἡ ἀπολογία
Beweis:	τὸ τεκμήριον
Phrase:	ἡ φράσις
Aphasie:	ἡ ἀφασία

Anmerkung:
Ihr seht, unsere Sprache der Grammatik kommt aus dem Lateinischen, die der Rhetorik aus dem Griechischen.

6.5. *Dichtung*

	ἡ ποίησις – ὁ ποιητής (Dichter)
	τὸ ποίημα (Dichtung)
Elegie:	ἡ ἐλεγεία (Gedicht in Distichen)
	ὁ ἔλεγος (Klagelied)
Epik:	τὸ ἔπος (Wort, Erzählung)
Lyrik:	λυρικὰ μέλη (lyrische Gedichte)
	τὸ μέλος (Lied, Gedicht)
	λυρικὸς ποιητής (lyrischer Dichter)
	ἡ λύρα (Leier: siebensaitiges Instrument)

Versmaße:

Daktylus:	ὁ δάκτυλος	—́ ∪ ∪
Anapäst:	ὁ ἀνάπαιστος	∪ ∪ —́
Jambus:	ὁ ἴαμβος	× —́ ∪ —́
Trochäus:	ὁ τροχαῖος	—́ ∪ —́ ×
Spondeus:	ὁ σπονδεῖος	—́ —

Theater:

τὸ θέατρον (Schauspielhaus)
ἡ θέα (Schau, Schauspiel)
ἡ μίμησις (Nachahmung)
ἡ τραγῳδία – τραγῳδός
ἡ κωμῳδία – ὁ κωμῳδός

Schauspieler: ὁ μῖμος

Pantomime: ὁ παντόμιμος (Schauspieler, der nur durch Tanz und Gebärden ein Drama darstellte)

Chor: ὁ χορός

Monolog: μονολόγος (allein gesprochen)
ἡ μονολογία (Selbstgespräch)

Dialog: ὁ διάλογος (Unterredung)

Musik:

ἡ μουσική – ἡ Μοῦσα

Orchester: ἡ ὀρχήστρα (Tanzplatz im Theater)
ὁ ὀρχηστής (Tänzer)
ὀρχέομαι (ich tanze)

Symphonie: ἡ συμφωνία (Einklang, Übereinstimmung)

Hymne: ὁ ὕμνος (Lobgesang) – ὑμνέω

Metrik: ἡ μετρική – τὸ μέτρον

Rhythmus: ὁ ῥυθμός (gleichmäßige Bewegung)
ῥέω (ich fließe) – ἡ ῥοή (Flut)

Ton: ὁ τόνος (Spannung)

Harmonie: ἡ ἁρμονία (Verbindung, Einklang)
ἁρμόττω (ich füge zusammen)

Strophe: ἡ στροφή (Drehung, Wendung)
στρέφω (ich drehe, wende)

Zyklus: ὁ κύκλος (Kreis, Ring)
κυκλόω (ich umzingle)

6.6. *Politik*

Politik:

πολιτικός (bürgerlich, politisch)
ἡ πόλις (Stadt) – ὁ πολίτης (Bürger)
πολιτεύω (ich bin Bürger) –
ἡ πολιτεία (Verfassung)

116

Staatsformen:

Demokratie:	ἡ δημοκρατία
	ὁ δῆμος (Volk) – κρατέω (ich herrsche)
Monarchie:	ἡ μοναρχία
	μόνος (allein) – ἄρχω (ich herrsche)
Oligarchie:	ἡ ὀλιγαρχία
	ὀλίγοι (wenige) – ἄρχω
Anarchie:	ἡ ἀναρχία – ἡ ἀρχή (Herrschaft)
Aristokratie:	ἡ ἀριστοκρατία
	ἄριστος (der beste) – κρατέω
Ochlokratie:	ἡ ὀχλοκρατία
	ὁ ὄχλος (Pöbel) – κρατέω
Plutokratie:	ἡ πλουτοκρατία
	ὁ πλοῦτος (Reichtum) – κρατέω
Timokratie:	ἡ τιμοκρατία
	ἡ τιμή (das geschätzte Vermögen)

Politiker:

Volksredner:	ὁ δημηγόρος – ὁ δῆμος
	ἀγορεύω (ich spreche öffentlich)
	δημηγορέω (ich rede auf der Volksversammlung)
Demagoge:	ὁ δημαγωγός – ὁ δῆμος
	ἄγω (ich führe)
	δημαγωγέω (ich führe, verführe das Volk)
Stratege:	ὁ στρατηγός
	ὁ στρατός (Heer) – ἄγω
Sykophant:	ὁ συκοφάντης (falscher Ankläger)
	τὸ σῦκον (Feige) – φαίνω (ich zeige)
Tyrann:	ὁ τύραννος (der unumschränkte Herrscher)
Prytan:	ὁ πρύτανις (Mitglied des Ratsausschusses)

Politische Begriffe:

Autonomie:	ἡ αὐτονομία
	αὐτός (selbst)
	ὁ νόμος (Gesetz)
Hegemonie:	ἡ ἡγεμονία (Führung, Vorherrschaft)
	ἡγέομαι (ich führe an)
Apologie:	ἡ ἀπολογία (Verteidigung)

Amnestie:	ἡ ἀμνηστία (Vergessen)
	ἀμνηστέω (ich vergesse)
	ἡ μνήμη (Erinnerung)
Ökonomie:	ἡ οἰκονομία (Verwaltung des Hauses)
	ἡ οἰκία (Haus) – νέμω (ich teile zu)
Ökologie:	ἡ οἰκία – ὁ λόγος (Wort, Vernunft)
Metropole:	ἡ μητρόπολις (Mutter-, Hauptstadt)
	ἡ μήτηρ (Mutter) – ἡ πόλις (Stadt)
Polemik:	πολεμικός (kriegskundig)
	ὁ πόλεμος (Krieg)

6.7. Geschichtsschreibung

Historie:	ἡ ἱστορία (Forschung, Kunde)
	ἱστορέω (ich forsche, erzähle)
Chronik:	τὰ χρονικά (Geschichtsbücher)
	ὁ χρόνος (Zeit)
Genealogie:	ἡ γενεά (Geschlecht, Abstammung)
Epoche:	ἡ ἐποχή (Haltepunkt)
	ἐπέχω (ich halte an)
Krise:	ἡ κρίσις (Entscheidung, Urteil)
	κρίνω (ich scheide, urteile)
Periode:	ἡ περίοδος (Umgang, Umfang)
	ἡ ὁδός (Weg)
Katastrophe:	ἡ καταστροφή (Wendung, Schluß)
	καταστρέφομαι (ich wende mich, ich unterwerfe)

6.8. Theologie

Theologie:	ἡ θεολογία
Bibel:	ἡ βίβλος (Papier, Buch)
Evangelium:	τὸ εὐαγγέλιον – εὖ (gut, froh)
	ὁ ἄγγελος (Bote, Engel)
	ὁ εὐαγγελιστής (Evangelist)
Christus:	ὁ χριστός (der Gesalbte) – χρίω (ich bestreiche)
Apostel:	ὁ ἀπόστολος (der Abgesandte)
Bischof:	ὁ ἐπίσκοπος (der Aufseher)
Presbyter:	πρέσβυς (alt, ehrwürdig)

Märtyrer:	ὁ μάρτυς (Zeuge)
	τὸ μαρτύριον (Zeugnis)
Eremit:	ὁ ἐρημίτης
	ἔρημος (einsam)
Baptist:	ὁ βαπτιστής (Täufer)

Christliche Vorstellungen, Kirchenleben:

Paradies:	ὁ παράδεισος (Tiergarten)
Apokalypse:	ἡ ἀποκάλυψις (Offenbarung)
Blasphemie:	ἡ βλασφημία (Verleumdung)
Epiphanias:	ἡ ἐπιφάνεια (Erscheinung)
Schisma:	τὸ σχίσμα (Spalt)
orthodox:	ὀρθόδοξος (einer, der die richtige Meinung hat)
Diözese:	ἡ διοίκησις (Verwaltung)
ökumenisch:	ἡ οἰκουμένη γῆ (die bewohnte Erde)
Liturgie:	ἡ λειτουργία (Leistung für den Staat)

1 Gymnasium
2 Palästra
3 Leonidaion
4 Philippeion
5 Heraion
6 Pelopion
7 Zeustempel
8 Bouleuterion
9 Südhalle
10 Schatzhäuser
11 Metroon
12 Echohalle
13 Stadion
14 Prytaneion

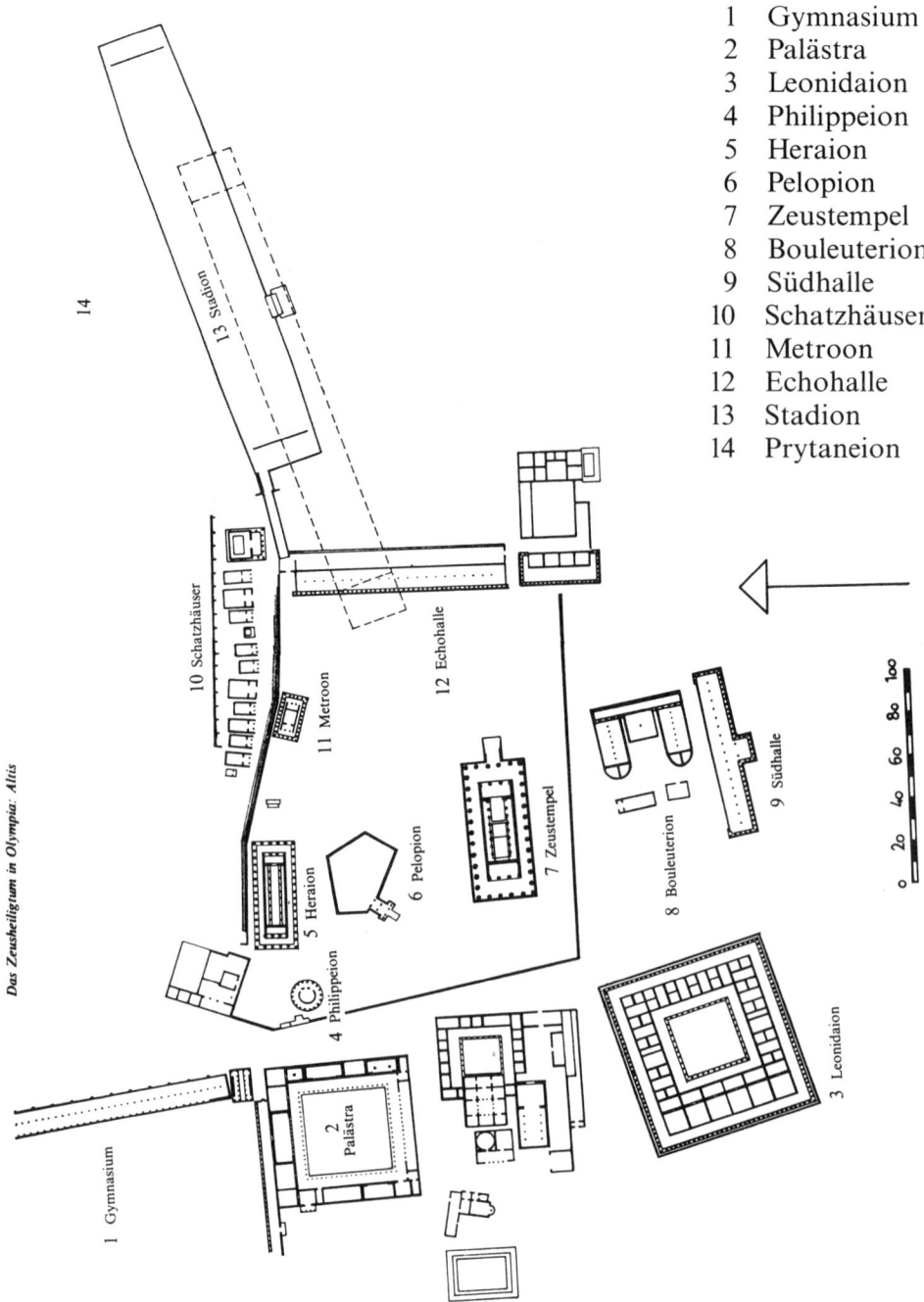

Ἄλτις
1 Γυμνάσιον
  (Übungsplatz, 3./2. Jh. vor Chr.)
2 Παλαίστρα
  (Ringerschule, 3./2. Jh. vor Chr.)
3 Λεωνίδαιον
  (Gästehaus, gestiftet von Leonidas von Naxos, 4. Jh. v. Chr.)
4 Φιλίππειον
  (Rundbau, unter Philipp von Makedonien begonnen, unter Alexander
  vollendet)
5 Ἡραῖον
  (Tempel zu Ehren von Hera und Zeus, 7./6. Jh. vor Chr.)
6 Πελόπιον
  (4. Jh. vor Chr.)
7 Ναὸς τοῦ Διός
  (Heiligtum des Zeus, 457 vor Chr. geweiht)
8 Βουλευτήριον
  (Versammlungs- und Beratungshaus)
9 Στοά
  (Wandelhalle)
10 Θησαυροί
  (Schatzhäuser, 6. Jh. vor Chr.)
11 Μητρῷον
  (Tempel der Demeter, Anfang des 4. Jh. vor Chr.)
12 Στοὰ τῆς ἠχοῦς
  (4. Jh. vor Chr. begonnen, 1. Jh. vor Chr. fertiggestellt)
13 Στάδιον
  (in der endgültigen Form aus dem 4. Jh. vor Chr.: Laufbahn von
  212,54 m Länge und 30 m Breite; die Länge von der Start- zur
  Zielschwelle 191,78 m)
14 Πρυτανεῖον
  (Speisesaal)

6.9. Sport

Philostrat über die Einteilung der Sportarten in der Antike:

> Ἔστιν ἀγωνίας συμπάσης
> τὰ μὲν κοῦφα ταῦτα·
> στάδιον,
> δόλιχος,
> ὁπλῖται,
> τὰ δὲ βαρύτερα·
> παγκράτιον,
> πάλη,
> πύκται.
> Πένταθλον δὲ ἀμφοῖν συνηρμόσθη·
> παλαῖσαι μὲν γὰρ καὶ
> δισκεῦσαι βαρεῖς,
> τὸ δὲ ἀκοντίσαι καὶ
> πηδῆσαι καὶ
> δραμεῖν κοῦφοί εἰσιν.

Übersetzung:

> Es gibt unter den Wettkämpfen insgesamt
> als leichte folgende:
> Stadionlauf,
> Dauerlauf,
> Waffenlauf;
> als schwerere aber:
> Gesamtkampf (d. h. Faust- und Ringkampf)
> Ringkampf,
> Faustkampf.
> Der Fünfkampf aber wurde aus beidem zusammengesetzt:
> Ringen nämlich und
> Diskuswurf sind schwer,
> Speerwurf und
> Sprung und
> Lauf sind leicht.

6.10. *Die attischen Mondmonate*

Sommermonate:		Feste:
Ἑκατομβαιών	(Juli–August)	Olympia, Panathenäen
Μεταγειτνιών	(August–September)	Karneen
Βοηδρομιών	(September–Oktober)	Eleutherien, Eleusinien

Herbstmonate:		
Πυανεψιών	(Oktober–November)	Thesmophorien, Apaturien
Μαιμακτηριών	(November–Dezember)	
Ποσειδεών	(Dezember–Januar)	kl. Dionysien

Wintermonate:		
Γαμηλιών	(Januar–Februar)	Lenäen
Ἀνθεστηριών	(Februar–März)	Anthesterien, Mysterien
Ἑλαφηβολιών	(März–April)	gr. Dionysien

Frühlingsmonate:		
Μουνιχιών	(April–Mai)	Delphinien
Θαργηλιών	(Mai–Juni)	Daphnephorien
Σκιροφοριών	(Juni–Juli)	

Da bei den Griechen ein Monat tatsächlich nur so viele Tage zählte, wie eine Mondphase lang ist, ergab sich alle paar Jahre die Notwendigkeit, einen Schaltmonat einzuschieben.
Das war dann der zweite Ποσειδεών vor dem Γαμηλιών.

6.11. *Große Feste in Griechenland*

Ὀλύμπια – Παναθήναια – Κάρνεια
Ἐλευθέρια – Ἐλευσίνια – Θεσμοφόρια
Ἀπατούρια – Διονύσια – Λήναια
Ἀνθεστήρια – Μυστήρια – Δελφίνια

7. Lösungen

zu S. 22:   Θ – Η – Σ – Ε – Υ – Σ
ΘΗΣΕΥΣ: Theseus, sagenhafter König von Athen

zu S. 38:   Labiale:
Π:ΠΡΙΑΜΟΣ   ΠΡΙΑΜΙΔΗΣ   ΠΑΡΙΣ   ΠΥΛΟΣ
ΠΟΣΕΙΔΩΝ   ΕΥΤΕΡΠΗ   ΜΕΛΠΟΜΕΝΗ
ΠΟΛΥΜΝΙΑ   ΚΑΛΛΙΟΠΗ   ΠΕΡΙΚΛΗΣ
ΞΑΝΘΙΠΠΟΥ
Β: ΒΟΥΚΟΛΟΣ   ΦΟΙΒΟΣ
Φ:ΑΦΡΟΔΙΤΗ   ΦΟΙΒΟΣ   ΦΩΣΦΟΡΟΣ
ΑΜΦΙΤΡΙΤΗ   ΦΙΛΟΜΗΡΟΣ   ΦΙΛΕΛΛΗΝ
ΦΙΛΟΝΕΙΚΙΑ   ΦΙΛΟΘΗΡΟΣ   ΦΙΛΟΜΟΥΣΟΣ

Gutturale:
Κ:ΒΟΥΚΟΛΟΣ   ΚΙΡΚΗ   ΚΑΛΥΨΩ   ΙΘΑΚΗ
ΦΙΛΟΝΕΙΚΙΑ   ΚΛΕΙΩ   ΚΑΛΛΙΟΠΗ
ΠΕΡΙΚΛΗΣ
Γ: ΓΑΛΗΝΗ
Χ:ΤΗΛΕΜΑΧΟΣ   ΧΑΡΙΤΕΣ   ΤΕΡΨΙΧΟΡΗ

Dentale:
Τ: ΑΦΡΟΔΙΤΗ   ΛΑΕΡΤΗΣ   ΤΗΛΕΜΑΧΟΣ
ΑΜΦΙΤΡΙΤΗ   ΧΑΡΙΤΕΣ   ΕΥΤΕΡΠΗ
ΤΕΡΨΙΧΟΡΗ   ΕΡΑΤΩ
Δ: ΠΡΙΑΜΙΔΗΣ   ΑΦΡΟΔΙΤΗ   ΔΙΟΝΥΣΟΣ
ΠΟΣΕΙΔΩΝ
Θ:ΙΘΑΚΗ   ΦΙΛΟΘΗΡΟΣ   ΘΑΛΕΙΑ
ΞΑΝΘΙΠΠΟΥ   ΑΘΗΝΑΙΟΣ

zu S. 58:   Gutturalstamm: αρχω – τρεχω
Labialstamm: τριβω – λειπω – τρεπω
πεμπω – βλεπω
Dentalstamm: ερεττω
Vokalstamm: ποιεω – λυω – τελεω – τελευταω
επαινεω – πλεω – οραω – επιχειρεω

zu S. 78:   τῷ ἀνϑρώπῳ – τῷ δημῳ – τῷ μυϑῳ – τῷ νομῳ –
τῳ ουρανῳ – τῳ τοπῳ – τῃ τυχῃ – τῃ πυλῃ –
τῃ σκηνῃ – τῃ οἰκιᾳ – τῃ Μοιρᾳ – τῃ λογχῃ –
τῃ κεφαλῃ – τῃ κλαγγῃ – τῃ φωνῃ – τῃ σχολῃ

zu S. 80: Z. 1: Margaret Thatcher – Z. 2: Michail Gorbatschow – Moskau – Z. 3: Paris – Z. 4: François Mitterrand – der Präsident von Frankreich – Z. 5: Auch Mitterrand (ist) gegen den ‹Krieg der Sterne› – Z. 6: Reagan – Z. 7: Filme: Die öffentliche Frau. Carmen – Z. 8: Spencer Tracy – Z. 9: Das Rundfunkprogramm – Z. 10: Sport – Sepp Herberger – Jimmy Connors – Z. 11: Olympische Spiele – Z. 12: Das Volk – Dienstag, den 18. Dezember 1984

zu S. 85: Übungen zum Akut und Gravis:
1. Dat. Sg.: τραγῳδίᾳ – κατηγόρῳ – κατηγορίᾳ – ὁμιλίᾳ – ἀρίστῳ – ἀριστοκρατίᾳ – ἀνθρώπῳ – μισανθρώπῳ – ἐπισκόπῳ – δακτύλῳ
2. βαθὺς καὶ βαρύς – καινὸς καὶ ὀρθός – ποιητὴς καὶ μιμητής – σπουδὴ καὶ χαρά – θεὸς καὶ διάβολος

Übungen zum Zirkumflex:
Dat. Sg.: ψήφῳ – χώρῳ – τελευταίῳ – ταύρῳ – σφαίρᾳ – σίτῳ – πώλῳ – πλήκτρῳ – οἴκῳ – μητρῴῳ – πατρῴῳ – κώμῳ – κούφῳ – κοίλῳ – κλήρῳ – θρήνῳ

zu S. 95: νύξ τις – ὕπνος τις – ὄναρ τι – καιρός τις – μεταβολή τις – τύχη τις – βλάβαι τινές – πρᾶγμά τι

zu S. 97: a) Ich frage: Was sagt der Dichter?
b) Er sagt: Der Dichter schreibt eine Tragödie.
c) Er schreibt: Der Dichter fragt: Wer sagt die Wahrheit?

zu S. 98: a) Wer ist Kimon?
b) Kimon ist ein Athener.
c) Was ist eine Scherbe?
d) Das Scherbengericht (d. h. die Abstimmung mit Hilfe von Scherben, auf denen der Name dessen geschrieben steht, der verbannt werden soll) ist eine Strafe – Kimon wird verbannt.

zu S. 101: 1. 1985.
2. $= χ\, γ\, α'$ $(275 + 356 = 631)$
3. $α\, λ\, ζ$ $(572 + 465 = 1037)$
4. $ρ\, μ\, δ'$ $(12 \cdot 12 = 144)$
5. $ϡ\, ϟ\, θ'$ $(333 \cdot 3 = 999)$

8. Bibliographie

Hunger, Herbert: Schrift. In: Lexikon der Antike. (Artemis) Zürich 1965

Heubeck, Alfred: Schrift. (Vandenhoeck und Ruprecht) Göttingen 1979

Jensen, Hans: Die Schrift in Vergangenheit und Gegenwart. 3., neubearbeitete Aufl. Berlin 1969. Reprogr. Nachdr. Berlin 1984

Földes-Papp, Karoly: Vom Felsbild zum Alphabet. Die Geschichte der Schrift. (Belser Verlag) Stuttgart 1984

Happ, Erich und Alfred *Zeller:* Schriftkunde. 3. Aufl. (Bayerischer Schulbuch-Verlag) München 1972

Wachter, Rudolf: Alphabet. In: Der Neue Pauly. Enzyklopädie der Antike. (Metzler) Stuttgart 1996. Bd. 1, Sp. 536–547

Rives, James B.: Schrift. In: Der Neue Pauly. Enzyklopädie der Antike. (Metzler) Stuttgart 2001. Bd. 11, Sp. 232–241

9. Verzeichnis der Abbildungen

Griechisch aktiv – Set

Ein Intensivkurs für Anfänger
Von Dimitrios Mastoras
464 Seiten, davon 320 Seiten
zweifarbig, mit zahlreichen
Abbildungen.

Dieses Lehrwerk für Anfänger besteht
aus einem Lehr- und Arbeitsbuch, dem
Schlüssel zu den Übungen sowie aus
3 Audio-CDs und 1 Lernkarte.

Konzipiert für Anfänger ohne Vorkennt-
nisse, vermittelt das Lehr- und Arbeitsbuch in 20 übersichtlichen Lektionen mit
vielen Übungen die moderne griechische
Sprache in Wort und Schrift und führt bis
zur Kompetenzstufe A2/B1 des Europä-
ischen Referenzrahmens.

**Das Motto lautet »Sprechen von
Anfang an«.**

Durch das Erlernen und Anwenden
wichtiger griechischer Ausdrücke
und Redewendungen in simulierten
Alltagssituationen wird erreicht, dass
man schnell die Scheu verliert sich auf
Griechisch zu unterhalten.

In Verbindung mit dem Schlüssel zu den
Übungen und den Begleit-CDs ist das
Lehrwerk auch für das Selbststudium
geeignet.

Im Set (978-3-87548-530-1):

Lehr- und Arbeitsbuch
978-3-87548-460-1 – Kartoniert

Begleit-CD: Dialoge
Ca. 70 Minuten – 978-3-87548-504-2

Schlüssel zu den Übungen
978-3-87548-522-6 – Kartoniert

2 Begleit-CDs: Übungen
Ca. 150 Minuten – 978-3-87548-301-7

buske.de